Theo Lehmann

Mord und Totschlag in der Kinderstube

Theo Lehmann

Mord und Totschlag in der Kinderstube

REDEN FÜR JUNGE LEUTE

Aussaat Verlag Neukirchen-Vluyn

ABCteam Bücher erscheinen in folgenden Verlagen:
Aussaat- und Schriftenmissions-Verlag
Neukirchen-Vluyn
R. Brockhaus Verlag Wuppertal
Brunnen Verlag Gießen (und Brunnquell Verlag)
Christliches Verlagshaus Stuttgart (und Evangelischer Missionsverlag)
Oncken Verlag Wuppertal und Kassel

Titelgestaltung: Meussen/Künert, Essen
Satz: ZERO Typografischer Betrieb, Moers
Druck: Steinbeck-Druck, Sprockhövel
Printed in Germany
ISBN 3-7615-3431-0

Inhalt

Das war's —

»Heute stieß ich auf die beiliegende Predigt, die man vielleicht den um die Wende gehaltenen voranstellen könnte. Sie ist eine politische Predigt, unter der Diktatur gehalten, am 8. Mai (»Tag der Befreiung«) 1983. Fast jeder Satz enthält eine Anspielung auf die politische Situation. Es ist eine von den Predigten, bei denen ich dachte, es könnte meine letzte sein, weil ich nicht wußte, ob ich noch ohne Verhaftung nach Hause kommen würde. Heute liest sich das alles so harmlos. . .«

Theo Lehmann, 15. Januar 1991

Einer flog übern Hammelstall

Johannes 10,8 *8. Mai 1983*

Seit ein paar Wochen steht auf der Wiese vor unserem Haus ein Schaf. Seitdem weiß ich, warum man so ein Schaf auch »Rasenmäher« nennt: weil es den ganzen Tag mäh macht, und das macht mich rasend.
Sonst hat unsereiner ja mit Schafherden nichts zu tun, aber Menschenherden bzw. Herdenmenschen sehen wir jeden Tag. Da genügt schon ein Blick in den Spiegel. Wir tragen alle die gleichen Klamotten, die gleichen Bärte, wir tun, was man tut, man tut, was man kann, und wer nicht mit der Masse ins gleiche Horn tutet, wird zum schwarzen Schaf erklärt.
Jesus hat recht, wenn er uns mit einer Schafherde vergleicht. Niemanden trifft dieser Vergleich besser als uns moderne Menschen des Massenzeitalters. Noch nie war das Herdenwesen so stark ausgeprägt wie in unserem Jahrhundert. Wir kennen ja alle den Anblick von Menschen, die man gezwungen hat, zu Tausenden auf den Straßen entlangzutrotten als entmündigte Kreaturen, die bloß die Parolen wiederholen, die ihnen vorher eingebleut wurden, und die ihr blaues Wunder erleben würden, wenn sie nicht mitlaufen würden.

. . . oder ganz munter hinunter

Heute ist der Jahrestag der Befreiung vom Faschismus. Ich habe sie noch gesehen, die Flüchtlingszüge, wie sie am Ende des Faschismus durch Deutschland zogen. Herden von Menschen, die man betrogen hatte, die weiter nichts gerettet hatten als ihr nacktes Leben und die weiter nichts suchten als einen Platz zum Leben. Die irrten durch das Land wie Schafe ohne Hirten — das war das Ende des Hitlerkrieges. Und angefangen hatte dieser Krieg, als die in der Sportpalastversammlung zusammengetriebenen Massen gefragt wurden: »Wollt ihr den totalen Krieg?« Da blökte das deutsche Stimmvieh: »Ja!«, und die sich mit Haut und Haaren Hitler verschrieben hatten, mußten dann ihre Haut zu Markte tragen.

Aus den deutschen Herden wurden die Horden, die die Juden zusammentrieben und wie Schlachtvieh in den Viehwagen bis vor die Rampe der Verbrennungsöfen schafften.

Der arische Herrenmensch entartete selber zum Vieh. So endet das, wenn ein Volk sich als Herdentier mißbrauchen läßt und seine freie Meinung gegen vorgeschriebene Parolen eintauscht. Das Tragische war nur, daß viele Deutsche genau merkten, daß es bergab ging. Aber sie wollten es sich nicht eingestehen, so wie das linientreue Schaf in der folgenden Geschichte:

Es war einmal ein linientreues Schaf und ein kritisches Schaf. Sie trotteten in der Herde, und das kritische fragte: »Weißt du eigentlich, wo wir hingehen?« »Nein«, sagte das linientreue, »aber unsere Führer, die wissen das.« Nach einer Weile sagte das kritische Schaf: »Mir fällt auf, daß überhaupt kein Gras mehr wächst, nur noch Steine. Meinst du wirklich, wir sind noch auf dem richtigen Wege?« »Unsere Führung hat immer recht«, sagte das linientreue Schaf, »Du wirst sehen, es kommt auch wieder grüne Weide, es geht auch mal wieder vorwärts.« In diesem Moment sind die Schafe am Rande des Steinbruchs angekommen und stürzen in die Tiefe. Da ruft das linientreue Schaf: »Siehst du, es geht vorwärts! Jetzt fliegen wir schon!«

Sie nennen ihn Knastknacker

Wir Deutschen sind schwer reingeflogen. Die Erfahrung der Entwürdigung zum Herdentier liegt hinter uns, deshalb ist uns alles verdächtig, was nach Herdentier, nach Vergewaltigung von Freiheit, aussieht. In der gesamten Menschheit ist eine Sehnsucht aufgewacht wie nie zuvor. Die Menschheit macht den Eindruck einer Herde, die in den Stall eingesperrt ist und wartet, sehnsüchtig wartet, herausgelassen zu werden in die Freiheit.

Dieses Bild von der eingesperrten Herde, die raus will auf die freie Weide, steht im Johannesevangelium, Kapitel 10. So sieht Jesus die Menschheit. Und ich finde, daß gerade unsere Zeit mit diesem Bild sehr klar gesehen ist.

Heute werden Millionen Menschen in Unmündigkeit gehalten, weil sie z.B. einer bestimmten Rasse angehören. Ein Drittel der erwachsenen Weltbevölkerung lebt im Dunkel des Analphabetentums und ist von allen geistigen Reichtümern ausgeschlossen. Zwei Drittel der Menschheit leben in der Finsternis von Aberglaube und Heidentum und sind von den geistlichen Reichtümern ausgeschlossen. Die Hälfte der Menschheit wird nicht auf die Weideplätze gelassen, wo es Arbeit und Brot gibt, sondern muß hungern und ist von allen materiellen Reichtümern ausgeschlossen. Die Mauern, hinter denen diese Millionen eingeschlossen sind, bestehen aus Stacheldraht, Schlagbäumen, Minengürteln, Mauern aus Beton oder aus Ideologien, aus Gewalt und Vorurteilen.

Die gefährlichste Freiheitsbegrenzung der Menschheit aber sind die Ketten der Sünde. Und die letzte Mauer, die uns vom Leben und der Freiheit trennt, ist die Mauer des Todes.

Sieh dir die Menschen an, egal, wer sie sind und wo und wie sie leben — alle sehnen sich nach Freiheit und einem sinnvollen Leben. Die Frage ist nur: Wer macht die Tür zur Freiheit auf? Wer erlöst die Menschheit aus ihrem Gefängnis? Wer führt sie zum Ziel ihrer Sehnsucht? Jesus behauptet: Das mache ich. Aber das behaupten schließlich alle. Und deshalb sagt Jesus kategorisch — Vers 8 —: »Alle, die vor mir gekommen sind, sind Diebe und Räuber.« Mit diesem Satz werden alle die großen Philosophen des Altertums, alle politischen Welterlöser und Machthaber über einen Kamm geschoren: Sie sind nichts weiter als Gangster, die die Menschheit betrügen, falsche Hirten. Und ich, sagt Jesus, bin der einzige, der die Menschheit befreit. Vers 11: »Ich bin der gute Hirte.«

Ein Knakna kommt selten allein

Natürlich waren die Menschen über diesen Ausschließlichkeitsanspruch empört. Vers 20: »Viele unter ihnen sagten: Er ist von einem bösen Geist besessen, der ist doch verrückt! Warum hört ihr ihm überhaupt zu?« Auch du kannst gegenüber dem Anspruch Jesu, der einzige Retter der Menschheit zu sein, nur zweierlei machen: Entweder du sagst: »Er ist es«, oder du sagst: »er ist verrückt«. Entweder du hörst auf ihn, oder du hörst nicht mehr hin. Aber bevor du abschaltest, bitte ich dich: Hör dir wenigstens noch an, wie Jesus seinen Ausschließlichkeitsanspruch begründet.

Zunächst beschreibt er die Arbeitsweise seiner Konkurrenten, Vers 1: »Ich versichere euch: Wer nicht zur Tür hineingeht in den Schafstall, sondern steigt anderswo hinein, der ist ein Dieb und Räuber.« Das heißt: Die anderen kommen zu euch mit großartigen Erlösungsprogrammen, erzählen viel von ihren guten Absichten, gaukeln euch etwas vor von der großen Freiheit und betonen unentwegt, wie gut sie es doch mit euch meinen. In Wirklichkeit wollen die euch aber nicht die Freiheit, sondern bloß ihr eigenes Schäfchen ins trockene bringen. Die wollen euch nicht reich machen, sondern sich an euch bereichern. Die wollen die Herde nicht beschenken, sondern melken, ihr das Fell über die Ohren ziehn, sie ausbeuten.

Diese Leute, sagt Jesus, erkennt ihr daran, daß sie nicht

zur Türe reinkommen, sondern von hinten über den Zaun steigen. So ist das ja in Diebeskreisen schon immer der Brauch gewesen. Die klingeln nicht an der Türe — »Guten Tag, wir sind die Einbrecher und hätten gern den Schlüssel zum Geldschrank« —, sondern in diesem Gewerbe bevorzugt man die Hintertüren, Hintertreppen und Dachfenster und vertritt das Prinzip der Selbstbedienung.

Schwindelerregend durch den Keller gehetzt

Die gleiche Methode wenden auch die großen Diebe an, die den Menschen ihre besten Schätze stehlen: ihre Freiheit, ihr Vertrauen, ihren guten Glauben, ihr gutes Gewissen, ihre Seelen. Die kommen nicht ehrlich und frontal auf uns zu, sondern machen sich von hinten an uns ran mit den Mitteln der Verleumdung, der Hetze, wie sie in der Hintertreppenpolitik der kleinen und großen Verführer üblich sind. Die kommen in unser Leben nicht zur Türe rein, indem sie uns offen und ehrlich anreden und unser Bewußtsein ansprechen, sondern die kommen durch die schwer kontrollierbare Türe des Unterbewußtseins. Die kommen durch den Keller, indem sie an die niedrigsten Instinkte appellieren. Die kommen durchs Dachfenster, indem sie uns durch ständige Berieselung mit Phrasen benebeln oder durch ständiges Einhämmern ihrer Propagandaverse verführen.

Egal, womit die Konkurrenten von Jesus zu uns kommen und was sie anpreisen — sie kommen uns nicht entgegen mit dem schmerzverzerrten Gesicht unseres Herrn, der für seine Herde sein Leben am Kreuz gelassen hat, sie kommen mit dem strahlenden Lächeln von Fernsehstars, die von Berufs wegen auf Optimismus getrimmt sind. Die strecken uns nicht offen die Hand entgegen, wie uns Jesus seine durchbohrte Hand entgegenhält, sondern die packen uns hart im Genick, wenn wir nicht spuren, denn wer nicht spurt, der spürt die Peitsche. Vers 1: »Wer nicht zur Tür hineingeht in den Schafstall, sondern steigt anderswo ein, der ist ein Dieb und Räuber. Der aber zur Türe hineingeht, der ist der Hirte der Schafe.«

Bellende Hunde beißen mich

Den richtigen Mann erkennen wir also daran, daß er zur Türe reinkommt, das heißt, daß er offen ist, mit offenen Karten spielt. Und das mußt du Jesus lassen — auch wenn du ihm nicht glaubst, daß er der Mann ist, der die Menschheit erlösen kann — Jesus spielt mit offenen Karten. Er kennt keine Lügen, keine Tricks, keinen Zwang, keine psychologische oder moralische Erpressung und erst recht keinen massiven Druck. Es ist ja bezeichnend, daß Jesus, der sich als der gute Hirte bezeichnet, keinen Schäferhund nötig hat. Sonst kommen ja die Hirten nicht ohne Schäferhunde aus, die die Herde ständig umlauern, bewachen, beobachten, anschnauzen, sobald sie auch nur einen Schritt vom vorgegebenen Wege abweicht. Jesus hat solche Schäfer-, Spür-, Blut- und Wachhunde nicht nötig.
Es hat einmal eine Zeit gegeben, da gab es diese Sorte von Hunden auch in der Kirche. Das war die Zeit der Inquisition. Damals hat man die Ketzer (das waren Leute, die ein bißchen anders dachten, als es die offizielle Dogmatik vorschrieb) verfolgt, gefoltert, auf Scheiterhaufen verbrannt. Das war im finsteren Mittelalter. Und das ist — zumindest in der Kirche, zumindest in dieser Hinsicht — überwunden. Die Kirche hat damals, als sie die Menschen zur Linientreue zwingen wollte, einen furchtbaren Fehler gemacht. Aber sie hat aus diesem Fehler ein für allemal gelernt: Zum Glauben kann man niemanden zwingen.
Es wäre schön, wenn auch andere aus diesem Fehler der Kirche lernen und ihre Hunde abschaffen würden.

Die Existenz der Schäferhunde wird meistens so begründet, daß man sagt: »Sie sind leider ein notwendiges Übel. Aber solange die Herde noch zu unreif ist, um selbständig den Weg in die Freiheit zu finden, da brauchen wir die Hunde noch, um euch Schafsköppen auf die Sprünge zu helfen. Später, wenn ihr alle lauft wie am Schnürchen, da schaffen wir dann auch die Hunde ab.«

»Mir nach!« sprach der Abgrund

Wie gesagt, Jesus braucht keine Hunde, denn die verbreiten Angst. Er braucht keinen Zwang, denn der schafft Heuchelei. Er braucht keinen Druck, denn der erzeugt Widerstand. Er braucht keine Gewalt, denn die erzeugt Unzufriedenheit.
Das einzige Mittel, mit dem Jesus seine Herde regiert, ist die Liebe. Deshalb appelliert er auch nicht an deinen Instinkt, sondern an dein Herz. Für ihn bist du keine Marionette, sondern ein Mensch. Deshalb läßt er seine Herde nicht in Marschblöcken antreten, sondern ruft jeden einzelnen zu sich. Für ihn bist du keine Nummer, sondern hast einen Namen. Vers 3f: »Und er ruft seine Schafe mit Namen und führt sie aus. Und wenn er alle die Seinen hinausgelassen hat, geht er vor ihnen her.«
Jesus geht also vor seiner Herde her. Auch darin unterscheidet er sich von den falschen Hirten und Führern. Wir brauchen ja nur an den zu denken, der sich »der Führer« nannte und zum größten Verführer unseres Volkes wurde. Der redete immer von »Gefolgschaft«, und die Gefolgschaft blökte dauernd: »Führer, befiehl, wir folgen dir!« Aber er hat sein Volk immer bloß von hinten geführt, aus der Etappe. Als das Volk hungerte, ließ er sich einen kostspieligen Bunker bauen. Als die Russen kamen, hat er das Leben Tausender Berliner geopfert, um sein Leben noch ein paar Stunden zu

retten, bevor er sich in einen Teppich einwickeln und mit Benzin übergießen ließ.

Leihweise leiden

Da ist Jesus allerdings anders. Er hatte keinen Bunker, keinen Palast, kein Haus, keine Wohnung, nicht einmal ein eigenes Bett. Er wurde geboren in einer geborgten Futterkrippe. Er predigte in einem geborgten Boot. Er zog in Jerusalem ein auf einem geborgten Esel. Er hielt sein letztes Abendmahl in einem geborgten Saal. Er wurde begraben in einem geborgten Grab. Er hat sich kein Forum geschaffen, wo er sich mit seinen Gesinnungsgenossen zurückziehen und im exklusiven Swimmingpool untertauchen konnte. Er hatte kein Spezialgeschäft, wo er mit seinen Spezis das kaufen konnte, was die übrige Bevölkerung in den Läden vergeblich suchte. Er hat sich nicht auf Kosten der Herde einen Fetten gemacht. Er ließ sich nicht zum Mißbrauch der Macht verführen. Er war arm, einfach und demütig. Er hat am eigenen Leibe kennengelernt, was diese Welt an Gemeinheiten zu bieten hat: schon als Kind das Flüchtlingselend und die Heimatlosigkeit; als Mann die Diskriminierung durch die Behörden, Spitzel in der engsten Mitarbeiterschaft, Denunzianten und falsche Zeugen vor Gericht, entnervende Verhöre, körperliche Züchtigung — Soldaten haben ihn geohrfeigt, ihm ins Gesicht gespuckt, ihn verhöhnt; und schließlich hat er auch den Tod kennengelernt. Denn selbst durch den Tod ist er uns vorausgegangen. »Er geht vor ihnen her. . . Der gute Hirte läßt sein Leben für die Schafe.«

Aufi!

Ist dir schon mal einer begegnet, der für dich sein Leben gelassen hat? Was haben sie denn eigentlich für dich springen lassen, die dir so große Versprechen

machen von Freiheit und schönem Leben? Tinte haben sie fließen lassen, viel Tinte für schöne Worte in dicken Büchern über den Sinn des Lebens. Jesus hat sein Blut fließen lassen, damit du leben kannst — das war der Sinn seines Lebens. Und wenn du den Sinn deines Lebens suchst, wenn du das Leben suchst, dann halte dich an Jesus. Dann folge ihm nach!
Er hat versprochen — Vers 10 —: »Ich bin gekommen, damit meine Schafe das Leben haben, das ihnen voll genügt.« Bei Jesus kommst du voll auf deine Kosten. Bei Jesus kommst du nicht zu kurz, sondern zurecht. Du brauchst nicht zu denken, wenn du Christ wirst, ist der Spaß am Leben vorbei und du mußt für den Rest deiner Tage mit sturem Schafsblick fromme Phrasen wiederkäuen. Ich kenne keinen Menschen, der es bereut hat, daß er Christ geworden ist. Du brauchst nicht zu denken, wenn du Christ wirst, wirst du einer Gehirnwäsche unterzogen, wie das bei den falschen Hirten üblich ist. Du wirst einer Totalwäsche unterzogen, Jesus wäscht dir deine Sünden ab, und damit geht das wahre Leben überhaupt erst mal los. . .
Du bist jung. Vor dir liegt das Leben, und das Angebot Jesu ist nur eins unter anderen. Jesus hat dir heute gesagt, was er von den anderen hält und was er für dich bereithält. Und du sollst dich jetzt entscheiden: Wem willst du folgen? Wem willst du dein Leben anvertrauen? Wer soll dein Maßstab sein? Wohin willst du?

Manche mögen Geist

Apostelgeschichte 10 *Pfingsten, 14. Mai 1989*

Bei einer Besichtigung von Karl-Marx-Stadt fragte einer den Stadtführer: »Wurden in dieser Stadt auch große Persönlichkeiten geboren?« Antwort: »Nein, nur kleine Kinder.«

Karl Marx wurde nicht in unserer Stadt geboren, er war auch nie hier. Aber Karl-Marx-Stadt wurde Karl-Marx-Stadt genannt, weil der Geist von Karl Marx die Stadt bestimmen sollte.

Cäsarea wurde Cäsarea genannt, weil der Geist von Cäsar diese Stadt bestimmen sollte. Cäsar hieß der Kaiser des römischen Weltreiches. Er war die Verkörperung des ganzen Staates, er wurde verehrt wie ein Gott, er wurde verehrt als Gott. Auf jedem Pfennig, den der Bürger bezahlt, ist das Bild des Kaisers aufgeprägt. Auf jedem öffentlichen Platz, den der Bürger betritt, ist ein Standbild Seiner Majestät aufgestellt. Auf jeder Veranstaltung, die der Bürger besucht, wird eine Lobrede auf den Kaiser aufgesagt. Man kann sich drehen und wenden, wie man will: Überall stößt man auf den Kaiser. Eine andächtige Verneigung vor seinem Standbild ist selbstverständlich. Lobeshymnen auf den Diktator sind möglichst kräftig mitzusingen. Bedingungsloser Gehorsam gegenüber dem Kaiser ist die erste Bürgerpflicht. Alle Bürger sind auf den gleichen Glauben geschult und müssen den Kaiser als Gott anbeten. – Mit einem Wort: In Cäsarea herrscht der Geist des Personenkultes.

Konnys Kampf im Kaiserkult

Und nun liegt mitten in Cäsarea ein Haus, in dem ein völlig anderer Geist weht. Es ist das Haus eines Soldaten

der römischen Armee. Der Mann heißt Kornelius. Er ist Römer, also von Kindheit an im Geist des römischen Diktators aufgewachsen. Er hat noch nie etwas anderes gehört, als daß sein Kaiser der Beste, der Größte ist, der größte Feldherr aller Zeiten, der weiseste aller Staatenlenker, der gütigste aller Landesväter. Das hat der Kornelius alles schon mit der Muttermilch eingesogen. Er hat im Kindergarten mitgesungen, dann alle Schulungen durchlaufen, dann beim Kommiß seine Karriere gemacht und es in der Armee des Gottkaisers bis zum Hauptmann gebracht. Kornelius macht den Eindruck eines kaisertreuen Soldaten, aber eines macht er nicht mit: die Anbetung des Kaisers. Das hat er begriffen: daß man einen Diktator, einen Machthaber, einen Menschen nicht als Gott anbeten kann, sondern daß so was Gotteslästerung ist.
Natürlich ist der Kornelius da nicht von selber drauf gekommen. Nach seiner ganzen Erziehung und seinem Ausbildungsgang war das gar nicht möglich. Aber in Cäsarea lebte noch eine kleine Gruppe von Leuten, die es ablehnte, den Kaiser als Gott anzubeten. Das waren die Juden. Mit denen war Kornelius in Kontakt gekommen, denn es war seine Aufgabe, die Juden zu überwachen und zu kontrollieren. Und als er die Juden bespitzelte, hatte er mitgekriegt: Anbeten darf der Mensch allein den ewigen Gott, der im ersten seiner Zehn Gebote gesagt hat: »Ich bin der Herr, dein Gott, du sollst keine anderen Götter haben neben mir.« Als er das gehört hatte, hatte er mit dem Personenkult Schluß gemacht. Er blieb, was er bisher gewesen war — ein treuer Soldat seines Kaisers. Aber er betete ihn nicht mehr als Gott an, sondern er betete nun zu dem wahren, lebendigen Gott.
Ob einer wirklich fromm ist oder bloß so tut, das zeigt sich nämlich daran, ob er betet. Für wen Gott bloß ein Diskussionsgegenstand ist, der betet nicht. Beten tun nur Menschen, die in Gott ihren Vater erkannt haben.

Und wer in Gott seinen Vater erkannt hat, der erkennt plötzlich in den Mitmenschen seine Brüder.

Null Ahnung, aber machtjanix

So ging das dem Kornelius. Der merkte auf einmal, daß um ihn herum Menschen lebten, die Hilfe brauchten, seine Hilfe. Und da hat er angefangen, die Armen finanziell zu unterstützen. Denn Beten alleine tut's nicht, da muß immer noch die Tat dazukommen. So einer war also der Kornelius. Kein religiös angehauchter Intellektueller. Kein christlich verbrämter Humanist. Kein frommer Schwätzer, sondern einer, der Gott als lebendige Macht erfahren hat und nun Gott unbedingten Gehorsam leistet. So einer war das.
Eines Tages bekommt er von Gott einen Befehl. Er soll jemanden nach Joppe schicken, das ist irgendein Nest 58 km entfernt, in das Haus eines gewissen Gerbers, bei dem ist ein gewisser Petrus zu Besuch — diesen Petrus soll er zu sich kommen lassen. Kornelius hat keine blasse Ahnung, wer der Petrus ist und was das Ganze soll. Er hat nur den Befehl von Gott, und er gehorcht. Auch der Petrus hat keine Ahnung, worum es sich handelt. Auch er hat weiter nichts als den Befehl Gottes, dem Boten des Hauptmannes zu folgen. Auch er weiß nicht, was er bei dem soll. Jedenfalls geht er hin.
Kornelius hat inzwischen alles zum Empfang vorbereitet. Er hat seine Freunde und Verwandten zusammengetrommelt, und jetzt sitzen die nun alle im Sonntagsanzug da wie im Theater, bevor der Vorhang aufgeht, und warten auf das, was kommen soll.

Heute schon gespreizt?

Das muß eine ziemlich komische Situation gewesen sein. Man kann sich ja denken, daß die Freunde eines Hauptmanns der römischen Armee nicht irgendwer sind. Ich nehme an, das waren höhere Staatsbeamte, Geschäftsleute, Akademiker nebst deren Gattinnen, die samt und sonders in Samt und Seide gekleidet und in eine Wolke Parfum eingehüllt sind. Also alles so feine Pinkel, die beim Trinken aus der Kaffeetasse den kleinen Finger spreizen und die mit Leuten wie Gerbern oder Fischern normalerweise keinen gesellschaftlichen Kontakt pflegen. Und in diese erlauchte Gesellschaft vornehmer Damen und Herren tritt also der Petrus ein — ein ehemaliger Fischer, ein Mann ohne Kinderstube, ohne Schulbildung, ohne Beziehung zur römischen Kultur, Vertreter der Arbeiterklasse, Pfoten wie Schaufelräder, Thunfischparfum, und er bringt gleich noch ein paar Typen ähnlichen Kalibers mit.

Was da in des Hauptmanns guter Stube zusammentrifft, paßt eigentlich überhaupt nicht zusammen. Wenn die vornehmen Herrschaften der römischen High-Society die Gruppe einfacher jüdischer Proletarier zufällig auf der Straße getroffen hätten, hätten sie sicher jeder um den anderen einen großen Bogen gemacht.

Aber weil Gott selber diese Menschen aus verschiedenen Rassen, Klassen, Völkern, Bildungsstufen und Berufen zusammengerufen hat, sitzen sie nun friedlich unter einem Dach zusammen wie eine gute Hausgemeinschaft zum gemütlichen Fernsehabend. Vorläufig gucken die sich erst mal gegenseitig ein bißchen neugierig an. Es weiß ja keiner, was auf dem Programm steht. Am neugierigsten ist der Petrus, und er stellt deshalb auch als erster die Frage: »Kann mir mal vielleicht jemand erklären, was hier eigentlich läuft?« Da erzählt Kornelius von dem Befehl, den er von Gott bekommen hat, daß er ihn ausgeführt hat usw., und am Schluß seiner Begrüßungsrede sagt er: »Nun sind wir alle hier zusammen vor Gott, um alles zu hören, was dir von Gott befohlen ist.«

Alles sieht jetzt gespannt auf Petrus. Dem fällt sofort der Missionsbefehl ein, wo Jesus gesagt hat: »Geht hin in alle

Welt und macht zu Jüngern alle Völker: Tauft sie auf den Namen des Vaters und des Sohnes und des Heiligen Geistes und lehrt sie halten alles, was ich euch befohlen habe.«

Peter packt aus

Niemand hatte Petrus befohlen, geistvolle Reden zu schwingen, feierliche Ansprachen zu halten oder religiöse Bedürfnisse zu befriedigen. Sondern ihm war befohlen, von Jesus zu reden. Also legt er los und erzählt frisch von der Leber weg den Damen und Herren die neuesten Nachrichten von seinem Freund Jesus. Nicht irgendwelche hohen Gedanken oder umständliche Lehren. Gedanken und Lehren hat die Menschheit im Überfluß. Was der Mensch braucht, ist Heilung, Befreiung, Hilfe. Das war's, was Jesus gebracht hat.
Also erzählt Petrus, was Jesus gemacht hat: wie er die Kranken geheilt, sich um die Armen gekümmert, zur Umkehr gerufen hat usw. usf., daß sie ihn gekreuzigt haben, daß Gott ihn auferweckt hat von den Toten und daß er, der Petrus, nebst einigen seiner hier anwesenden Kollegen mit diesem Jesus nach seiner Auferstehung zusammen gegessen und getrunken hat, und er schließt seinen Bericht mit dem Satz — Vers 42 —: »Und Jesus hat uns befohlen zu predigen dem Volk und zu bezeugen, daß er von Gott zum Richter der Lebendigen und der Toten bestimmt ist. . . und daß in seinem Namen alle, die an ihn glauben, Vergebung der Sünden empfangen sollen.«

Für vier Milliarden Ohren

So, jetzt war's also raus. Mitten im Lager des römischen Diktators, dessen Soldaten Jesus ans Kreuz genagelt hatten und der unumschränkt über das Leben seiner Untertanen verfügte, behauptet hier ein jüdischer Fischer: Jesus ist von Gott zum Richter über alle eingesetzt, und wer an ihn glaubt, dem werden seine Sünden vergeben.

Für eine Evangelisation von Heiden, die zum ersten Mal von Jesus hören, ist das ziemlich massiv. Aber Petrus hat sich nicht gesagt: »Hier mußt du vorsichtig rangehen, du willst ja die Leute gewinnen und nicht vor den Kopf stoßen. Also läßt du solche unangenehmen Themen wie Gericht und Sünde am besten erst mal weg und fängst mit einer Predigt über die Liebe an — die Sache mit dem Gericht kriegen wir später.«

Erstens kann man nicht von der Liebe Gottes reden, ohne von der Sünde und vom Gericht zu reden. Denn die Liebe Gottes besteht ja gerade darin, daß sein Sohn Jesus für unsere Sünden bezahlt, damit wir im Gericht Freispruch kriegen. Zweitens hat Jesus im Missionsbefehl gesagt, wir sollen alles lehren, was er befohlen hat. Und drittens hatte Kornelius von Petrus verlangt: »Wir wollen jetzt von dir alles hören, was dir von Gott befohlen ist.« Die *wollten* alles hören! Die Menschen haben ein Recht darauf, das ganze Evangelium zu erfahren, und die Kirche hat die Pflicht, das ganze Evangelium zu predigen.

Leider ist die Kirche dem Missionsbeispiel des Petrus nicht immer gefolgt. Und die Folge davon ist, daß der Missionsauftrag bis heute noch nicht erfüllt ist. Heute leben zwei Milliarden Menschen auf der Erde, die noch nie von Jesus gehört haben! Diesen zwei Milliarden von Jesus zu erzählen ist die Hauptaufgabe der Kirche, dazu ist sie da, und wenn sie das nicht tut, hat sie kein Recht, da zu sein. Heute ist nicht nur der Geburtstag der Kirche, sondern auch der Gebetstag für die Weltevangelisation, bei der es darum geht, daß die ganze Kirche der ganzen Welt das ganze Evangelium bringt.

Mitten am Rand der Verzückung

Petrus hat das Evangelium nicht in Auswahl gepredigt. Er hat nicht verschämt was vom lieben Gott gesäuselt, sondern vom Gericht, von der Sünde und der Vergebung. Er hat offen gesprochen, und deshalb stand der Himmel offen über ihm und schüttete seine Kräfte über der ganzen Versammlung aus.

Denn in dem Moment, wo Petrus von Gericht und Sünde spricht, da tut sich was. Noch während er redet, fangen die anderen auf einmal auch an zu reden, die ganze Versammlung gerät in Bewegung, wird von Unruhe gepackt, explodiert sozusagen, und der Unruhestifter, der das Ganze zum Kochen bringt, das ist, so heißt es hier, der Heilige Geist.

Ich weiß nicht, was ihr euch bisher unter dem Heiligen Geist vorgestellt habt. Wahrscheinlich überhaupt nichts. Hier seht ihr, daß der Heilige Geist eine Kraft ist, die Menschen verwandelt und in Bewegung bringt, diese bunte Gesellschaft in der Wohnstube vom Hauptmann Kornelius. Denn daß die alle vom Heiligen Geist gepackt sind, wird daran deutlich, daß sie alle laut den Namen Gottes anrufen und Gott anbeten.

Das ist nicht das Verdienst des Petrus. Die Predigt, die er damals gehalten hat, war wirklich nichts Besonderes, blanker Durchschnitt, sogar ziemlich trocken. Trotzdem werden seine Zuhörer im Innersten gepackt und umgekrempelt. Und die gleichen Leute, die eben noch gottlose Parolen blökten, singen jetzt auf einmal ein Loblied auf Jesus. Mitten im Lager einer gottlosen Weltanschauung, unter Unkirchlichen und Heiden, entsteht durch die Durchschnittspredigt eines ungebildeten Fischers eine Gemeinde — so was bringt eben bloß der Heilige Geist fertig. Der bringt es fertig, daß aus Offizieren und Fischern, Intellektuellen und Arbeitern, Juden und Römern, Farbigen und Weißen, Lang- und Kurzhaarigen eine Gemeinschaft wird, nämlich die

Kirche. Für den Heiligen Geist spielt es gar keine Rolle, ob du aus der Villa oder aus dem Neubau stammst. Ob du Atheist oder Konfirmationsscheinbesitzer bist. Ob Kirchengegner oder Sympathisant — er kann euch alle zum Glauben führen, er allein. Ich kann das nicht. Ich kann mir hier den Mund fusslig reden und werde trotzdem keinen überzeugen, wenn euch nicht der Heilige Geist selbst überwältigt. Ich bin nur sein Werkzeug, aber ich kann dir sagen, daß der Heilige Geist schon angefangen hat, an dir zu arbeiten, die ersten Wirkungen sind schon sichtbar. Schon allein die Tatsache, daß du hier bist, ist eine Wirkung des Heiligen Geistes.

Kann denn Leben Sünde sein?

Aber der Heilige Geist will nicht bloß, daß du hierher kommst, sondern daß du hier zum Glauben an Jesus kommst, daß du frei wirst von deinen Sünden. Jetzt erzähl mir nicht, du wüßtest nicht, was Sünde ist, oder du hättest keine. Du weißt doch ganz genau, daß es vor Gott nicht in Ordnung ist, wenn du ständig den Geschlechtspartner wechselst, mit deinen Eltern Krach hast, wenn du lügst, heuchelst, gegen dein Gewissen handelst, dich besäufst und drauflos lebst, ohne dich um deinen Nächsten zu kümmern. Und wenn du wirklich nicht weißt, daß so ein Leben Sünde ist, dann hab ich's dir jetzt gesagt.

Ein Leben, das ohne Gott geführt wird, ist Sünde. Gott will aber nicht, daß du so verkehrt lebst und dein Leben vor die Hunde geht. Gott will dir deine Sünden vergeben. Gott will dir die Kraft geben, ein neues Leben anzufangen, und das heißt: Gott will dir seinen Heiligen Geist geben. Es gibt keine Sünde, die Gott nicht vergeben könnte. Doch ich warne dich, die Frage des Glaubens auf die leichte Schulter zu nehmen, als ob das nicht weiter wichtig wäre. Im Gegenteil, das ist die wich-

tigste Frage deines Lebens. Denn wenn du nicht an Jesus glaubst, hast du den Sinn deines Lebens verfehlt. Du verpaßt das Beste im Leben und verlierst außerdem das ewige Leben. Denn dein Leben wird am Tag des jüngsten Gerichts danach bemessen, ob du an Jesus geglaubt hast oder nicht, und davon hängt ab, ob du deine Ewigkeit bei Gott verbringst oder nicht.
Sag jetzt nicht: »Ich kann nicht glauben.« Doch, du kannst. Auch wenn du ein Leben lang als Atheist erzogen worden bist, auch wenn du heute zum ersten Mal in einer Kirche bist, auch wenn du heute zum ersten Mal von Jesus hörst. Wenn der Heilige Geist durch die Predigt des Petrus diesen vom Personenkult gedrillten Kornelius zum Glauben gebracht hat, kann er heute durch meine Predigt auch dich zum Glauben bringen. Der Heilige Geist will dich nicht überfallen, denn er möchte deine Einwilligung. Es geht nicht darum, ob du glauben kannst, sondern ob du willst. Also frage ich dich: Willst du? Du stehst jetzt vor einer Entscheidung. Du hast jetzt die Wahl. Das Kennzeichen einer Wahl ist, daß man sich zwischen mehreren Möglichkeiten entscheiden kann, sonst ist es ja keine Wahl. Gott bietet dir zwei Möglichkeiten an, zwischen denen du wählen mußt.
»Ich habe euch Leben und Tod, Segen und Fluch vorgelegt, damit du das Leben wählst« (5 Mose 30,19).

Wasserwerfers Nachtgesang

Nehemia 9,33 *8. Oktober 1989*

Es war einmal ein Volk, das baute eine Mauer in der Hauptstadt seines Landes.
Zunächst war das die Idee eines einzelnen Mannes. Erst hat er seine Idee absolut geheim gehalten, nicht einmal den Rat der Hauptstadt hat er eingeweiht. Und als der Mauerbau dann losging, da war das ein sehr merkwürdiger Anblick: Die Hälfte der Leute arbeitete an der Mauer, die andere Hälfte stand dahinter mit Waffen und Panzern. So steht es in der Bibel: »Die Hälfte meiner Leute arbeitete am Bau, die andere Hälfte aber hielt Spieße, Schilde, Bogen und Panzer bereit.«
Das Volk, von dem ich spreche, ist das jüdische Volk. Die Stadt ist Jerusalem, und die Zeit des Mauerbaus ist das Jahr 445 vor Christus, nachzulesen in der Bibel bei Nehemia.
Wir wollen uns heute aber nicht mit dem Mauerbau beschäftigen, sondern mit der Zeit, die danach kam. Da kam es zu einer riesenhaften Volksversammlung. . . und da passierte etwas, was bei Volksversammlungen sonst nicht vorkommt: Da wurde aus der Bibel vorgelesen. Das ist schon ungewöhnlich genug, aber noch ungewöhnlicher war die Zeitdauer: Die lasen von Sonnenaufgang bis zum Mittag.
Damit die Massen den Vorleser gut verstehen konnten, hatten sie ihm eine hölzerne Kanzel gebaut — das ist das erste Mal, daß so ein Ding in der Bibel erwähnt wird, sozusagen die Urform der heutigen Kanzel, aber nicht so klein wie der Eierbecher hier, sondern mindestens so groß wie unser Podium. Da stand der Esra drauf, rechts und links seine Mitarbeiter, und er las und las, und die Leute hörten und hörten, vom Sonnenaufgang bis zum Mittagessen. Diese Bibelstunden bzw. Bibeltage

wurden an den folgenden Tagen fortgesetzt, es gab eine richtige Bibelbegeisterung, die Leute konnten gar nicht genug davon kriegen.

An meine Haut lass' ich nur die Bibel und J.C.

Ich weiß ja nun nicht, ob du schon mal länger als fünf Minuten die Bibel gelesen hast, vielleicht ja sogar schon mal ein paar Stunden oder Tage hintereinander. Aber ich weiß, daß jeder, der das macht, ganz neue Erfahrungen macht, zu neuen Erkenntnissen kommt. Wenn Menschen sich intensiv mit der Bibel befassen, hat das immer konkrete Folgen. Das liegt daran, daß die Bibel nicht ein Buch ist wie jedes andere, sondern daß sie das Wort Gottes ist und Gott gesagt hat, daß sein Wort nie leer und wirkungslos zurückkommen wird. Gottes Wort hat immer eine Wirkung, und damals war die Folge des Bibellesens eine Bußbewegung.
Die Bibel ist nämlich wie ein Spiegel. Wenn du bloß mal flüchtig in einen Spiegel reinguckst, siehst du nichts Genaues. Aber wenn du intensiv reinguckst, siehst du auf einmal Krähenfüße, Pickel und unordentliche Haare. Wenn du bloß mal kurz auf die Schnelle in die Bibel reinguckst, kriegst du meistens nicht viel mit, dann hat das meistens auch für dein Leben keine Bedeutung und keine Konsequenzen. Aber je länger du liest, um so deutlicher siehst du dich im Lichte der Bibel. Du entdeckst auf einmal in deinem Leben Dinge, die du vorher glatt übersehen hast, die du jetzt als unmöglich empfindest, als Dreckfleck, als Schande, für die du dich schämst. Ohne Bild gesprochen: Wenn du in der Bibel liest, erkennst du deine Sünde. Du siehst klar, was in deinem Leben falsch gelaufen ist, und du erfährst außerdem aus der Bibel, daß es für deine Schuld eine Vergebung gibt — egal, wie groß deine Schuld ist.
Und das ist überhaupt das Beste an der Bibel. Die zeigt dir nämlich deine Schuld nicht, um dich fertigzu-

machen, sondern um dich bußfertig zu machen, sie zeigt dir nicht nur erbarmungslos deine Schuld, sondern sie zeigt dir voller Erbarmen den Ausweg aus deiner Schuld: Das ist der Weg zu Gott, und dieser Weg ist Jesus, denn der hat von sich gesagt: »Ich bin der Weg, der zum Vater führt.« Der Ausweg aus der Sackgasse der Sünde ist der Rückweg, die Umkehr, die Bekehrung zu Jesus. Nimm Jesus an, und die Schuld, die du auf dich geladen hast, geht dich nichts mehr an. Sie ist dann seine Sache, mit der er sich abschleppt.

Trotz Abkehrtanz liebt Gott uns ganz

Die Schuld, die auf dem Volk Israel lag, war riesig. Gott hat dieses Volk aus der ägyptischen Sklaverei befreit, durchs Rote Meer geführt, zu dem Volk geredet, ihm seine guten Gebote gegeben, ihm Brot zu essen und Wasser aus dem Felsen gegeben, vierzig Jahre lang, so heißt es hier in Nehemia 9,21: Es war ein Weg durch die Wüste, es war kein leichter Weg, aber Gott hatte dafür gesorgt, daß das Leben möglich war. Aber das Volk war undankbar, ungehorsam, unverschämt. Das Volk wandte sich von Gott ab und dem platten Materialismus zu. Es machte sich ein goldenes Kalb und sagte, das wäre der Gott, der sie aus Ägypten geführt hatte. Sie lästerten Gott, übertraten seine Gebote, töteten seine Propheten.

Die Propheten waren Männer, die im Auftrag Gottes das Volk immer wieder ermahnt haben, sich zu bekehren. Aber das Wort Bekehrung war für sie ein rotes Tuch. Das wollten sie nicht hören, denn Bekehrung heißt im Sinne der Bibel: Umkehr, Veränderung, Sinnesänderung, neues Denken. Davon wollten sie nichts wissen, und als die Propheten ihnen ins Gewissen redeten, haben sie sich Ruhe verschafft, indem sie die Propheten einfach abschafften.

Aber wer kritische Stimmen abschafft, schafft damit das

Problem nicht aus der Welt, sondern schafft damit erst recht Probleme. Seltsamerweise haben sie jedesmal, wenn's mit den Nachbarn Zoff gab, bei Gott Sturm geklingelt um Hilfe, und seltsamerweise hat Gott geholfen! Immer und immer wieder hat Gott sie erhört, wenn sie in Not waren und zu ihm riefen. Wenn aber wieder Ruhe eintrat, kümmerten sie sich einen Dreck um Gott, und so ging das immer hin und her, und in seiner unvorstellbaren Barmherzigkeit hat Gott ihnen immer wieder vergeben. Vers 29: »Und du vermahntest sie, um sie zu deinem Gesetz zurückzuführen. Aber sie waren stolz und gehorchten deinen Geboten nicht und sündigten an deinen Rechten, durch die der Mensch lebt, wenn er sie tut, und kehrten dir den Rücken zu und wurden halsstarrig und gehorchten nicht.«

Wir fallen auf eigene Faust. . .

Diese Beschreibung des jüdischen Volkes in der Zeit vor über 2500 Jahren ist gleichzeitig die Beschreibung der Menschen aller Zeiten, hier hält uns die Bibel unser Spiegelbild vor Augen: Stolz, stur, ungehorsam. Es ist heute das gleiche Lied, das gleiche Elend wie damals: Die Menschen sind zu stolz, sich der Autorität Gottes unterzuordnen, zu stur, ihre Fehler zuzugeben, zu ungehorsam, um sich nach Gottes Geboten zu richten. Mit einem Wort: sie kehren Gott den Rücken.

Gott? Das ist ein Märchen aus der Kinderstube der Menschheit, das hamwer hinter uns. Gebote? Das ist eine unverschämte Einengung unserer Freiheit, das hamwer satt. Prediger, die uns vor Gottes Gericht warnen? Das sind arme Irre, die hamwer nicht nötig.

Gott läßt sich eine ganze Menge gefallen, aber wem es nicht gefällt, mit Gott zu leben, dem erfüllt er schließlich seinen Wunsch. Wenn jemand Gott den Rücken zukehrt, dann ist Gott nicht so, daß er vor Wut mit der Faust zuschlägt. Sondern dann zieht er vor Traurigkeit wegen

der verschmähten Liebe seine ausgestreckten Hände zurück. Gott zwingt keinen mit der eisernen Faust, bei ihm zu bleiben. Wer gehen will, kann gehen. Wer sich nicht von Gottes Hand führen lassen will, kann es ja auf eigene Faust versuchen. Solche Menschen läßt Gott gehen. Im Römerbrief heißt es, daß Gott die gegen ihn rebellierenden Menschen dahingegeben hat, und hier in Nehemia 9,30 heißt es genauso: »Darum hast du sie dahingegeben in die Hand der Völker.«
Hinter diesem kurzen Satz steckt eine lange Geschichte der Erniedrigung des jüdischen Volkes: Deportation nach Babel, Leben in der Gefangenschaft, immer unter der Kontrolle der Siegermächte, keine nationale Souveränität, keine Freiheit. Aber jetzt kommt nicht die übliche Kritik an Gott: Wie konntest du das zulassen? Sondern jetzt, nach intensivem Bibelstudium und Studium der Güte Gottes in der Geschichte, kommt es zu einer großen Erkenntnis. Nachdem Esra ihnen tagelang das Wort Gottes als Spiegel vor die Augen gehalten hat, erkennen sie — Vers 33 —: »Du bist gerecht in allem, was du über uns gebracht hast, denn du hast recht getan, wir aber sind gottlos gewesen.«

. . . oder auf jede Menge Vergebung

Es ist eine Katastrophe, wenn jemand unbelehrbar von sich sagt: »Ich irre mich nie. Ich habe immer recht. Unrecht haben nur die anderen.« Es ist ein Fortschritt, wenn jemand zu seinen Kritikern sagt: »Ich gebe zu, ich habe da auch was falsch gemacht.« Es ist das Größte, wenn ein Mensch zu Gott sagt: »Ja, Herr, du hast recht und ich habe unrecht.« Wenn einer seinen Widerstand aufgibt, seine Anklagen gegen Gott, seine Kritik, und sagt: »Ich habe in meinem Leben das bekommen, was ich verdient habe. Du hast recht und ich habe unrecht.« Wenn du so weit bist, bist du reif, die Vergebung zu empfangen, und das ist das Ziel, auf das Gott hinarbeitet.

Gott will nicht, daß du stehenbleibst bei der Schulderkenntnis. Er will nicht, daß du stehenbleibst bei der Reue. Er will, daß du dich fallenläßt in seine Arme und seine Vergebung annimmst.
Es gibt Menschen, die denken, sie wären o.k., hätten keine Sünde und keine Vergebung nötig. Und es gibt Menschen, die leiden so unter ihrer Sünde, daß sie denken: »Was ich gemacht habe, ist so schlimm, daß es für mich keine Vergebung mehr gibt.« Die irren sich alle beide!
Es gibt keinen Menschen ohne Sünde, und es gibt keine Sünde, die nicht vergeben werden könnte. Die einzige Sünde, die dir nicht vergeben wird, ist die Sünde, die du nicht bekennst. Deshalb rate ich dir: Lies die Bibel, vergleiche dein Leben mit ihr, bekenne jede Schuld, die du erkennst. Du kannst das tun, indem du mit Gott alleine darüber redest, ohne jeden Zeugen. Es ist aber auch möglich, Schuld vor Gott in Gegenwart eines Menschen zu bekennen. Das ist zwar schwer, aber das hat den großen Vorteil: Du hast dann einen, der dir im Namen Gottes die Vergebung zusprechen kann. Welchen Weg du wählst, ist deine Sache. Hauptsache, du holst dir die Vergebung. Das ist nämlich die Hauptsache am Christenglauben. Gott will dir vergeben, damit du wieder Frieden hast, damit du das ewige Leben hast.

Kein schöner Land, es tut mir leid

Ich warne dich: Gib deine Arroganz auf, in der du denkst, du hättest keine Vergebung nötig. Ich bitte dich: Gib deine Skrupel auf, für dich wäre Vergebung nicht möglich. Doch, es ist nötig und es ist möglich. Gott wartet auf dich. . .
Mit ausgebreiteten Armen wartet Christus am Kreuz auf dich. Dort hat er für deine Schuld bezahlt. Dort hat er die Strafe für deine Sünden auf sich genommen, dort ist Jesus, so sagt es die Bibel (Römer 5,6), für uns Gottlose

gestorben.
Wir sind gottlos gewesen — das ist das Sündenbekenntnis des jüdischen Volkes, das ist das Sündenbekenntnis der Christen, das ist der absolute Hammer, denn die, die das sagen, sind ja gerade die Frommen, die Gläubigen. Die sagen: Wir sind gottlos gewesen. Nicht einfach bloß: die anderen. Nein: wir! Die anderen werden allerdings denn auch mit Namen genannt — Vers 34 —: »Unsere Könige, Fürsten, Priester und Väter haben nicht nach deinem Gesetz getan und nicht achtgehabt auf deine Gebote und Ordnungen, die du ihnen hast bezeugen lassen. Und sie haben dir nicht gedient zur Zeit ihrer Macht bei all deiner großen Güte, die du ihnen erwiesen hast, in dem weiten und fetten Lande, das du ihnen gegeben hast, und haben sich von ihrem bösen Tun nicht bekehrt.«
Von einem »fetten« Land ist hier die Rede. Das war unser Land auch einmal, reich und schön. Inzwischen sind die Wälder, durch die ich als Kind gewandert bin, krank oder tot. Die Flüsse, in denen ich als Jugendlicher geschwommen bin, stinken und sind vergiftet, und ich will gar nicht erst aufzählen, was in unserem Land noch alles kaputt ist, vom Straßennetz über die einfallenden Städte bis hin zu den vielen Menschen, die so kaputt sind, daß sie einfach nicht mehr können. Und am kaputtesten sind die Medien, die das alles nicht wahrhaben wollen oder leugnen.
Es geht jetzt nicht darum, einzelnen Leuten oder Institutionen die Schuld für Einzelheiten zuzuweisen. Es geht darum, daß wir einsehen: Wir sind alle schuld, mindestens schon dadurch, daß wir zuwenig für unsere Verantwortlichen gebetet haben oder zu allem geschwiegen haben.

Gott, östlich von unten

»Wir aber sind gottlos gewesen.« — Ohne dieses Sündenbekenntnis gibt es keinen Neuanfang. Aber gerade einen Neuanfang brauchen wir, damit nicht noch mehr kaputt geht. Noch sind wir nicht so kaputt, daß es keine Heilung mehr gäbe. Es gibt einen Heiland, der heißt Jesus, und ich weigere mich zu glauben, daß Jesus ein Westgott ohne Visum ist, der hier nichts zu melden hat. Ich glaube: Jesus ist auch für die DDR zuständig, und das ist der einzige Grund, warum ich in der DDR bleibe. Ich finde es beispielhaft, wie das Volk Israel durch eine umfassende Buße einen Neuanfang gemacht hat. Sich zu Gott bekehren heißt aber nicht, blauäugig über die gesellschaftlichen Verhältnisse hinwegsehen. In die Beichte des Volkes mischt sich hier die Klage über die sozialen Mißstände. Die Armen beugen sich vor Gott, aber sie rufen ihn gleichzeitig um Hilfe an gegen ihre Ausbeuter, denn sie wissen, daß die Gerechtigkeit Gottes umfassend ist und Gott gegen die Unterdrücker für die Armen eintritt. Vers 36: »Siehe, wir sind heute Knechte.«

Aufbruch — verstimmt in D-Doll und Geh-Nur

Israel war einmal ein freies Volk. Und obwohl es im Jahr 445 wieder in der Heimat und in Jerusalem leben kann, ist es doch nur ein Satellitenstaat unter der persischen Knechtschaft. »Siehe, wir sind heutzutage Knechte; und in dem Lande, das du unseren Vätern gegeben hast, seine Früchte und Güter zu genießen, siehe, in ihm sind wir Knechte. Und all sein Ertrag bringt den Königen großen Gewinn, die du über uns gesetzt hast um unserer Sünden willen; und sie herrschen über unsere Leiber und unser Vieh nach ihrem Willen, und wir sind in großer Not.«
Von den 55 Jahren meines Lebens habe ich 40 in der DDR gelebt, aber ich habe in dieser Zeit noch nie solche Not erlebt. Wir sind in großer Not, weil die Menschen nicht mehr in Dutzenden, nicht zu Hunderten, nicht zu

Tausenden, sondern zu Zehntausenden aus dem Land fliehen, in diesem Jahr schon mehr als Hunderttausend. Und man kann keinen Menschen mehr treffen, der nicht die Frage stellt: Was soll noch werden?
Wir sind in großer Not, weil uns die Tränen über das Gesicht laufen, wenn wir vor unseren Fernsehern sitzen und die Flüchtlingszüge sehen und die Auseinandersetzungen auf unseren Straßen und die Wasserwerfer in Aktion. Wir weinen über unser Land und fragen uns: Wo sind wir hingekommen, daß der Dialog verweigert wird und Wasserwerfer eingesetzt werden? Wir sind in großer Not, weil die Angst in unserem Land immer größer wird.
Ich habe mir heute meine Zahnbürste hier eingesteckt, das habe ich von M.L. King gelernt. Es ist das Zeichen, bereit zu sein, falls wir mal kurz verreisen müssen.
Wir sind in großer Not, wenn in diesen Tagen immer wieder die Befürchtung ausgesprochen wird, es könne zu noch mehr Gewalt und womöglich Blutvergießen kommen. Wo sind wir hingekommen, daß wir sogar Blutvergießen fürchten müssen?
Wir sind an einem Punkt unserer Geschichte angekommen, wo jeder, oder fast jeder, sieht, daß es so nicht weitergehen kann. Wir brauchen einen Neuanfang, und die Bibel zeigt uns, wie es zu einem Neuanfang kommen kann: Mißstände nennen, Schuld bekennen. Nur so kommt es zu einer Veränderung. Veränderung ist ein Zeichen von Leben. Wo keine Veränderung mehr stattfindet, kann nur noch der Tod festgestellt werden. Unser Bekenntnis heißt: Nach Tod und Dunkelheit siegte das Licht. Wer jetzt an den Auferstandenen glaubt, fürchtet sich nicht.

Mord und Totschlag in der Kinderstube

1 Mose 4,1-16 *12. November 1989*

Zwei Brüder, Kuno und Arno, spielen im Kinderzimmer. Jeder baut mit Bauklötzen einen Turm. Der Turm vom Arno steht, der Turm vom Kuno fällt um. Was macht da der Kuno? Erst hängt er eine schiefe Fresse ein, dann haut er dem Arno seinen Turm ein, dann haut er dem noch eins auf die Rübe, und schon ist die schönste Keilerei im Gange. Mord und Totschlag in der Kinderstube.
So, mit einem Mord, beginnt auch die Geschichte der Menschheit. 1 Mose 4,8: »Da sprach Kain zu seinem Bruder Abel: Laß uns aufs Feld gehen. Und es geschah, als sie auf dem Feld waren, erhob sich Kain gegen seinen Bruder Abel und schlug ihn tot.«
Dieser Mord unter freiem Himmel geschah natürlich nicht aus heiterem Himmel, sondern hatte eine Vorgeschichte, genau wie die Keilerei von Kuno und Arno.
Kain und Abel waren Brüder. Eines Tages brachten sie Gott ein Opfer. Jeder baute einen Altar und verbrannte darauf seine Opfergabe. Beim Kain ging der Rauch schief, beim Abel ging's kerzengrade in die Höhe – das konnte der Kain nicht ertragen, und da hat er seinen Bruder erschlagen. Aus Neid.

Wir morden eleganter

Leider ist das keine längst überholte Geschichte aus der Kinderstube der Menschheit, keine Familientragödie aus der primitiven Urzeit. Schön wär's, aber dann wär's ja nicht nötig, daß wir wieder eine Friedensdekade halten. Friedensdekaden sind nötig, weil, egal aus welchen Motiven, Probleme der menschlichen Gesellschaft immer noch mit Gewalt gelöst werden.

Die Geschichte von Kain und Abel ist das Urmuster der Menschheitstragödie aller Zeiten. Diese Geschichte spielt sich zu jeder Zeit und überall ab, wo Menschen zusammen leben. Auch in deinem Leben — und bei uns in der DDR — läuft die Kain-und-Abel-Story leider live.

Aber bevor wir uns mit uns und unserem Land befassen, müssen wir erst mal ganz allgemein feststellen: Die Menschheitsgeschichte beginnt mit einem Mord, und sie ist eine einzige Kette von Morden. Und wenn wir so weitermachen, wird sie mit einem Selbstmord der Menschen enden.

Heute ist jedem vernünftigen Menschen klar: Die Methode Kains hat versagt. So wird kein Frieden. Heute steht die Menschheit vor der Frage: entweder Schluß mit der Methode Kains, mit dem Krieg, oder Schluß mit der ganzen Menschheit. Die Zeiten sind längst vorbei, als man sich noch mit dem Hackebeilchen den Schädel einschlug. Solche primitiven Morde kommen heutzutage relativ selten vor.

Wir sind, was die Mordwaffen betrifft, von der plumpen Keule zur perfekten Bombe fortgeschritten. Wir morden eleganter, technisch vollkommener, umfassender. Unsere Methoden haben sich verfeinert oder besser gesagt: vergröbert.

Im Krieg von 1870/71 gab es 54.000 Gefallene,
im Ersten Weltkrieg 2.050.000 Gefallene,
im Zweiten Weltkrieg 3.250.000 Gefallene
und 3.350.000 Ziviltote,

und das sind nur die Zahlen von Deutschland. Wir dürfen nicht vergessen, daß auch die anderen Völker Millionen Tote hatten, z.B. die Sowjetunion 7 Millionen, und wir dürfen auch nicht vergessen, daß es seit dem Zweiten Weltkrieg etwa 175 Kriege mit mehr als 20 Millionen Toten gegeben hat. Und schließlich dürfen wir nicht vergessen, daß jährlich Millionen Menschen im Mutterleib gemordet werden. In einem so winzigen Land wie der DDR sind es jährlich 90.000, in der BRD

300.000, in der Welt Millionen. Es soll mir also keiner erzählen, die Geschichte von Kain und Abel wäre eine verstaubte Story aus der Frühgeschichte der Menschheit. Die spielt sich heute noch ab, und wir alle spielen mit. Ich sage: wir alle. Denke ja nicht, du bist schon raus, weil du noch keinen erschlagen hast. Das Töten geht schon viel eher los. Es gibt Seelenmord mit Kriegsspielzeug, Rufmord mit der Zunge und der Zeitung. Und du hängst in dem mörderischen Spiel schon mit drin, wenn du haßt, Böses wünschst, Gewalt anwendest.

Vertrauen knüppeldick

Wir alle sind in den letzten Wochen mit dem Problem der Gewalt konfrontiert worden, als Deutsche auf Deutsche mit Knüppeln eingedroschen haben. Jeder von uns hat mit Entsetzen die Berichte von brutalen Mißhandlungen friedlicher Bürger durch Polizei und Stasi gehört und in den Zeitungen gelesen.
Was mich inzwischen aber noch mehr entsetzt, ist, daß man wochenlang braucht bzw. sich drückt, um das zu untersuchen und die Schuldigen zur Rechenschaft zu ziehen. Wobei die Schuldigen nicht nur die Schläger in Uniform sind, sondern vor allem die Funktionäre in Positionen, die den Befehl dazu gegeben haben. Denn es gibt ja keinen Menschen mehr im Volk, der das Märchen von den vereinzelten Übergriffen glaubt. Wenn DDR-weit überall zur gleichen Zeit die gleichen Mißhandlungen von den gleichen Organen gegenüber den gleichen Demonstranten in Hunderten von Fällen vorkommen, dann ist diese Gleichheit der Geschehnisse der Beweis dafür, daß es hier nicht um einzelne Übergriffe geht, sondern um ein übergreifendes System.
Daß die Klärung dieser Sache wochenlang hingeschleppt wird, ist ein böses Zeichen und eine nachträgliche Verhöhnung des geprügelten Volkes. Ein Staat,

der auf seine Bürger mit Knüppeln eindrischt, hat damit den letzten Rest von Vertrauen selber zerschlagen. Und zur Erringung des Vertrauens ist mehr nötig, als was man uns bis jetzt nur unter dem Druck der demonstrierenden Massen zugebilligt oder versprochen hat. Wir lassen uns nicht abspeisen mit Bananen und Westreisen. Wir wollen mehr. Wir wollen freie Wahlen, das ist jetzt das Wichtigste.
Ich habe neulich an einer Demonstration teilgenommen, zum ersten Mal seit 36 Jahren. Zum Glück war es schon dunkel, denn als die Demonstranten riefen: »Freie Wahlen!«, da sind mir die Tränen über das Gesicht gelaufen. Denn mit diesem Ruf habe ich mir schon mal buchstäblich die Kehle heiser geschrien — es war buchstäblich dasselbe, was wir vor 36 Jahren, am 17. Juni 1953, als Demonstranten geschrien haben. Damals wurden wir übertönt durch das Dröhnen der Panzer und die Schüsse der Uniformierten.

Sie haben uns betrogen

In diesem Punkt haben sich die Zeiten geändert, und das ist für mich ein wichtiger Hoffnungsfaktor. Es finden sich immer weniger Kampfgruppenangehörige, die bereit sind, gegen ihre Arbeitskollegen mit Knüppeln loszugehen, und es findet sich von Berlin bis zum Ural kein Panzer mehr, der heute zu so einem Dienst in der DDR bereit wäre. Vielleicht gibt es noch ein paar solcher Exemplare in China. Aber China ist weit, und wer dort Erfahrungen sammelt, ist kein Mann der Wende, sondern moralisch am Ende.
Aber ich muß euch auf etwas anderes aufmerksam machen. Mit den gleichen großen Buchstaben, mit denen wir jetzt auf der Titelseite des »Neuen Deutschland« das Wort »Wende« oder »Dialog« lesen, stand damals, 1953, auf der Titelseite das Wort »neuer Kurs«.

Aber mit diesem Slogan haben sie uns betrogen. Die SED hat mit dem sogenannten »neuen Kurs« im alten Gleis weitergemacht und unser Land in die Katastrophe gebracht, in der wir jetzt drinstecken. Und deshalb verstehe ich nicht, wieso ausgerechnet die SED an dem Anspruch festhalten kann, die führende Partei sein zu wollen.

Im Gegenteil, die SED ist die einzige Partei, die diesen Führungsanspruch nicht stellen kann, denn sie hat uns ja gerade in die Krise reingeführt. Und es ist wahr, was ein alter Mann auf einer Demo auf ein Schild geschrieben hat: »Die Karre sitzt so tief im Dreck, die alten Kutscher müssen weg.« Die gehören sicher auch anderen Parteien an, aber die anderen Parteien kenne ich nicht. Diese Bruderparteien haben ihr Profil dem großen Bruder so angeglichen, daß man ein eigenes Profil nicht erkennen kann.

Aber das kann sich ändern, ändert sich, und alte und neue Parteien können sich profilieren und um das *Vertrauen* des Volkes werben. Nur wer das Vertrauen des Volkes hat, hat Anspruch auf die Führung. Und wer das Vertrauen hat, ist nur feststellbar durch Wahlen. Und deswegen sage ich: Was wir als Nächstes und Wichtigstes brauchen, sind freie Wahlen. Sonst ist alles andere, was hier läuft, Augenwischerei. Und wir laufen Gefahr, daß wir am Ende wieder zu Leibeigenen einer Partei werden, die rücksichtslos ein ganzes Volk krachen gehen läßt, nur um ihre Machtposition zu halten.

Hauptsache, meine Ansprüche werden erfüllt, der Rest ist mir egal — das ist die Kainsgesinnung, und die Bibel fordert uns heute dazu auf, diese Kainsgesinnung zu bekämpfen.

Privilegien machen angst

Damit hängt auch zusammen, daß die ganze private Dat-

schenwirtschaft, die mitten im Sozialismus zum Himmel stinkt, abgeschafft wird. Die Zeit, wo Bonzen ihre Privilegien in ihren Palästen genießen konnten, ist vorbei. Und das ist gleich ein Beispiel dafür, daß *Neid* sinnlos ist. Neid ist nämlich auch Kainsgesinnung. Kain war neidisch. Als er sah, wie es mit seinem Bruder so schön aufwärts ging, da, so heißt es hier in Vers 5, »ergrimmte Kain sehr und senkte finster seinen Blick.«
Ich gebe zu: das kenne ich. Ich kenne z.B. in Karl-Marx-Stadt einige Villen — wenn ich an denen vorbeispaziere, da packt mich der Neid und die Wut, und ich balle die Fäuste in der Tasche. Aber es zeigt sich ja jetzt, daß es gar keinen Grund gab, die Besitzer bzw. Besetzer dieser Villen zu beneiden. Nicht bloß, weil sie die jetzt räumen und dem Volk geben müssen, sondern weil sie schon vorher nur mit Angst darin leben konnten. Manche hatten sogar solche Angst, daß sie ihre Namen nicht ans Gartentor geschrieben haben. So was ist wirklich nicht zu beneiden.
Aber um nun endlich mal von diesem Thema wegzukommen, möchte ich euch noch an einem anderen Beispiel klarmachen, wie sinnlos Neid ist.

Bringt Neid Kain Glück?

Stellt euch vor, ihr fahrt mit dem Bummelzug durchs Muldental. Da kommt eine Stelle, da fährt der Zug an einem zauberhaften Grundstück vorbei. Das Haus ist neu verputzt, vor der Garage steht ein Wartburg-»Tourist«. Im Garten liegt, unter einem blühenden Apfelbaum, auf einer Liege eine junge Frau, neben ihr sitzen zwei Männer. Es ist vormittags halb elf, die ganze Szene ist eine einzige, friedliche Idylle. Und im Vorbeifahren denkst du: Die haben's gut. Die haben's geschafft. Die haben das Glück gepackt.
Aber jetzt will ich euch sagen, wer diese Menschen waren. Die Frau war krebskrank und lag im Sterben, es

war das letzte Mal in ihrem Leben, daß sie aus dem Haus in den Garten getragen werden konnte. Der eine Mann war ihr Ehemann, der andere der Pfarrer, also ich. Und wir kämpften zu dritt im Gebet zu Gott um das Leben dieser Frau.

Was für dich im Vorbeifahren, vom Zugfenster aus, wie eine Idylle wirkte, wie das große Glück, war in Wirklichkeit ein großes Unglück. Und deswegen sage ich: Neid ist sinnlos. Wenn du nämlich die Stelle des Beneideten einnehmen möchtest, müßtest du sein ganzes Leben mitübernehmen. Also nicht nur sein schönes Haus, sondern auch seine sterbende Frau, seine Angst, sein Schicksal.

Das willst du natürlich nicht. Du willst nur die guten Seiten, keinen Totaltausch, nur einen Teiltausch. Weil du, je näher du dem Beneideten kommst, um so deutlicher siehst: Bei dem ist auch nicht alles rundum happy.

Ich glaube — das ist meine ganz persönliche Meinung —, Gott hat jedem Menschen ein bestimmtes Maß an Glück und Unglück zugeteilt. Und weil wir außerdem unsere Mitmenschen viel zuwenig kennen, ist es sinnlos, sie zu beneiden. Neid ist Gift für dich und deine Umwelt.

Als Gott sieht, wie Kain, giftig vor Neid, mit gesenktem Blick wie ein sturer Neidhammel rumläuft, warnt er ihn. Vers 7: »Die Sünde lauert vor der Tür und hat nach dir Verlangen; du aber herrsche über sie.«

Es ist Gott nicht egal, was aus Kain wird und ob er sich sein Leben versaut. Deshalb warnt er ihn: Paß auf! Es droht Gefahr! Neid ist Sünde — du aber herrsche über sie!

Wenn Gott sagt, du *sollst* über die Sünde herrschen, dann *kannst* du auch über sie herrschen. Mit der Ausrede »Ich kann mich nun mal nicht beherrschen« machst du es dir zu einfach. Du kannst, wenn du willst. Einfach ist das bestimmt nicht. Aber es steht ja auch nirgends in der Bibel, daß ein Leben nach Gottes Willen einfach ist. Ein Leben mit Gott ist einfach herrlich. Aber es ist nicht herrlich einfach.

Vom Hunger hast du keine Ahnung . . .

Kain war, wie die meisten Gewaltmenschen, ein Schwächling, der sich nicht beherrschen konnte. Niemand hatte ihn gezwungen, die Sünde des Brudermordes zu begehen; und auch *dich* kann der Teufel nicht zwingen zu sündigen. Sündigen kannst du nur, wenn du mit deinem Willen zustimmst. Und deshalb kannst du die Verantwortung für deine Taten nicht ablehnen.

Als Kain seinen Bruder erschlagen hat, zieht Gott ihn zur Verantwortung — Vers 9: »Wo ist dein Bruder Abel?«. Die erste Antwort Kains ist eine Lüge: »Ich weiß nicht.« Nix ponimai. Mein Name ist Hase.

Das haben wir nun in den letzten Wochen hundertfach zu hören bekommen. Auf die Frage: »Wo liegen die Ursachen für die Massenflucht und die Krise in der DDR« sagt man uns bis heute: »Wir müssen das genau untersuchen und bedenken, im Moment wissen wir es nicht.« Aber auf diese Tour lassen wir uns nicht mehr kommen, und Gott schon gar nicht.

Er verlangt von Kain unerbittlich eine Antwort: »Wo ist dein Bruder Abel?« Die zweite Antwort Kains ist eine Frechheit: »Soll ich meines Bruders Hüter sein? Soll ich vielleicht noch auf den aufpassen? Bin ich etwa für den verantwortlich?«

Ja, das bist du. Denkt an das Lied, das wir hier oft singen: »Wenn du denkst, dich geht der andre nichts an, ist das einfach nicht wahr, mein Lieber. Gott gab dir ihn als Bruder, und deshalb geht er dich an.«

Du bist verantwortlich für das Leben deines Bruders, deine Mitmenschen. Und Gott fragt dich heute und im Gericht: »Wo ist dein Bruder?« Damit meint er vielleicht das Kind in Afrika, das jetzt in dieser Sekunde an

Hunger stirbt. Du hast dieses Kind im Leben nie gesehen. Du kannst sogar mit gutem Gewissen sagen: »Kenn' ich nicht. Weiß ich nicht.« Aber daß täglich 30.000 Kinder verhungern, das weißt du. Du weißt, daß man töten kann, ohne den andern zu berühren. Indem wir nichts tun für die Hungernden, sind wir mitschuldig an ihrem Tod.
Aber Gott wird uns nicht nur nach den Kindern in der Ferne fragen, sondern er wird manche von euch fragen: »Wo ist dein Kind?« Wenn Gott so fragt, dann nicht, weil er's nicht wüßte. Er weiß genausogut wie du, wo dein Kind ist: abgetrieben im Rahmen der Gesetze, ausgeschabt im zweiten Monat, weggeschmissen in die Mülltonne der Frauenklinik. Das weiß Gott. Aber er wird dich trotzdem fragen, wie er den Kain gefragt hat, Vers 10: »Was hast du getan? Die Stimme des Blutes deines Bruders schreit zu mir von der Erde.«
Gott weiß, was du getan hast. Das Blut deines abgetriebenen Kindes schreit zu ihm, aber er will es aus deinem Munde hören, und du, junger Mann und junges Mädchen, du wirst es ihm sagen müssen. Ihr werdet alle beide antworten müssen. Darin besteht das Wesen des Menschen, daß er eine Verantwortung hat, daß er Gott antworten muß.

Alles wird gut

Für unsere menschlichen Ohren hat unschuldig vergossenes Blut keine hörbare Stimme. Aber für Gott, der Leben und Blut geschaffen hat. Die Erde unseres Planeten ist blutgetränkt, und niemand weiß die Zahl der Verbrechen. Aber Gott weiß Bescheid. Es gibt keine Tat, über die er nicht Rechenschaft fordert.
Gott ist der Anwalt der Wehrlosen und Verfolgten, der Rächer aller Menschen, denen Unrecht geschehen ist. Weil Gott der Rächer ist, brauchen wir uns mit der Rache nicht zu befassen, sondern können sie getrost

ihm überlassen. Für uns genügt als Trost zu wissen: Kein Tropfen Blut und keine Träne, die in einer finsteren Zelle ohne Zeugen zur Erde gefallen ist, ist Gott entgangen, und keiner der Schuldigen wird seiner Strafe entgehen. Das ist aber, das betone ich noch einmal, Sache von Gottes Gericht. Und weil es Gott mehr auf die Vergebung als auf die Vergeltung ankommt, schützt er bis zum Gericht sogar den schuldig gewordenen Menschen wie hier den Kain.

Denn als Kain zur Strafe für sein Verbrechen als Flüchtling das Land verlassen muß, fängt er an zu winseln und fließt über vor Mitleid, aber nicht etwa mit seinem erschlagenen Bruder, sondern mit sich selber. Erst geht er über Leichen, und als es rauskommt, ergeht er sich in Selbstmitleid.

Selbstmitleid statt Reue — die Tour haben bei uns inzwischen auch einige Leute drauf, und mir fällt auf, daß sich bei manchen auch ein falsches Mitleid breitmacht.

Sicher ist es tragisch, wenn jemand sich und sein Volk jahrelang belogen hat und nun seinen Hut nehmen muß. Sicher ist es tragisch, wenn der bekannteste Propagandist des DDR-Sozialismus von heute auf morgen von der Bildfläche abgeräumt wird wie ein vergammeltes Schnitzel. Aber wer nichts bereut, muß seinen Posten räumen. Und daß uns nunmehr erspart bleibt zu sehen, wie sich Ede in seinem Sessel vor der Kamera herumfläzt, ist ein Labsal für jeden Menschen mit Geschmack und Gewissen.

Kain hilft kein Gewinsel. Er muß los und seinen Posten verlassen, aber Gott läßt ihn nicht schutzlos. Er gibt ihm eine Chance, indem er ihm das Kainszeichen gibt. Vers 15f: »Und der Herr machte ein Zeichen an Kain, daß niemand ihn erschlüge, der ihn fände. So ging Kain hinweg von dem Angesicht des Herrn und wohnte im Lande Nod, jenseits von Eden, gegen Osten.«

Ein neues Zeichen nicht nur für Kain

Niemand weiß, was für ein Zeichen das war, jedenfalls war es für Kain die Chance zu leben. Heute gibt Gott dir eine Chance. Und wie das Zeichen dafür aussieht, das weiß ich: Es ist das Kreuz, an dem Jesus hängt. Auch er ist ein Ermordeter, dessen Blut zum Himmel schreit. Aber sein Blut schreit nicht nach Rache, sondern nach Vergebung.

Die Bibel sagt: »Das Blut von Jesus Christus macht uns rein von aller unserer Sünde.« Wenn du dir deine Sünde durch das Blut von Jesus abwaschen, durch seine Vergebung abnehmen läßt, bist du gerettet. Dann kommst du nicht in das Gericht. Jesus will dir einen Gerichtstermin ersparen! Deshalb hat er sich kreuzigen lassen. Das Kreuz ist das Rettungszeichen schlechthin.

Wegen dieses Zeichens können Verbrecher weiterleben, ohne auf der Stelle tot umzufallen. Wegen dieses Zeichens können die Kains ihren Weg gehen. Wegen dieses Zeichens haben auch die eine Chance, von denen wir am Anfang der Predigt geredet haben: also die in unserem Land und in Uniform, die harmlose Bürger brutal und blutig mißhandelt haben. Keine Gesetzgebung kann aus so einem Schläger einen neuen Menschen machen. Das Gesetz kann und muß ihn nur für seine Schuld bestrafen. Aber Jesus kann und will ihm seine Schuld vergeben.

Wegen dieses Zeichens haben auch wir alle noch eine Chance. Denn in uns allen steckt die Kainsgesinnung — Neid, Haß, Rachegedanken. Wir alle sind so tief verletzt, wir haben so oft die Fäuste gegen unsere Unterdrücker geballt, daß es uns schwerfällt, sie zu lieben und ihnen zu vergeben. Wir schaffen es ohne Jesus nicht. Jesus hat am Kreuz seinen eigenen Mördern vergeben. Er hat uns damit ein Beispiel gegeben.

Laßt uns von Jesus lernen, was er mit Frieden meint. Auch wenn es dir unmöglich scheint: Liebe deinen Feind.

Wach auf!

Offenbarung 3, 1-6 *10. Dezember 1989*

Da ist ein Brief, den Jesus an die Gemeinde von Sardes geschrieben hat. Der Brief ist fast 2000 Jahre alt, aber einiges kommt uns sehr bekannt vor, vor allem am Anfang, vor allem der Satz: »Du stehst in dem Ruf, daß du lebst, und bist tot.«
40 Jahre lang stand über unserem Land das Wort »Demokratie«, aber in Wirklichkeit war es eine Diktatur.
40 Jahre lang ist uns gesagt worden, in unserem Land wären die Menschenrechte verwirklicht, in Wirklichkeit sind sie mit Füßen getreten worden.
40 Jahre lang ist uns gesagt worden: »Arbeite mit, plane mit, regiere mit.« In Wirklichkeit war Arbeiten das einzige, was wir durften, geplant und regiert hat die SED allein mit Hilfe der Stasi.
40 Jahre lang ist uns gesagt worden, es ginge wirtschaftlich aufwärts, in Wirklichkeit sind wir pleite.
40 Jahre lang ist uns gesagt worden, der Sozialismus wäre das beste Wirtschaftssystem der Welt. In Wirklichkeit gibt es in der ganzen Welt keinen sozialistischen Staat marxistischer Prägung, der das beweisen könnte. Im Gegenteil — überall, wo der Sozialismus an die Macht kam, kam es zum wirtschaftlichen Ruin.
Inzwischen hat der Sozialismus weltweit abgegessen. Jeder sieht: Die sozialistische Theorie ist ein Irrtum, die sozialistische Praxis ist eine Katastrophe, der real existierende Sozialismus ist eine Lüge.
»Du stehst in dem Ruf, daß du lebst, und bist tot.« Aus der jüngsten Geschichte unseres Volkes wissen wir nun, was das heißt. Und das Volk hat das auf eine einfache Formel gebracht, wenn es auf der Demo ruft: »FDJ und SED — das war eine Scheiß-Idee!«

Rumgekröse, Helmgetöse

Auch die Gemeinde von Sardes wußte das aus der Geschichte ihres Volkes.
Es hat einmal jemand gesagt: »Es gibt kaum ein besseres Beispiel von ›früher Pracht‹ und ›späterer Ohnmacht‹ als Sardes, diese degenerierte Stadt.«
Sardes war einmal eine der bedeutendsten Städte der Welt. Vor allem eine der reichsten. Bis heute ist der Reichtum dieser Stadt sprichwörtlich. Von einem, den wir für besonders reich halten, sagen wir: »Der lebt wie ein Krösus.« Krösus war der bedeutendste König von Sardes. Unter ihm erlebte die Stadt ihren Höhepunkt und ihren Sturz.
Krösus war gewarnt worden. Aber in seiner Arroganz hat er die Warnung nicht beachtet. Ein Freund besuchte ihn, und als der den Palast der Republik, die Luxushotels und Wandlitz sah, — Verzeihung, als der den Palast, den Luxus und das Antlitz vom Krösus sah, der nicht im geringsten damit rechnete, seine Herrschaft und Herrlichkeit könnte mal zu Ende sein, da sagte er zu ihm das berühmt gewordene Wort: »Niemand ist vor seinem Tode glücklich zu preisen.« Mit anderen Worten: »Vorsicht, es kann sich alles im Leben ändern.«
Ich weiß nicht und kann mir nicht vorstellen, daß irgend jemand den Honecker jemals glücklich gepriesen hat. Jedenfalls hat man ihn gepriesen. Aber wenn man jetzt sieht, wie der alte Herr auf seine alten Tage noch ein Parteiverfahren angehängt kriegt und seine Ausbeuter-Kumpanen zur Kasse gebeten werden, dann ist das eine traurige Bestätigung der alten Weisheit: »Niemand ist vor seinem Tode glücklich zu preisen!« Oder, wie wir in der DDR seit der Oktoberrevolution sagen: »Man soll den Mittag nicht vor der Aktuellen Kamera loben.«
Also das war die erste Warnung. Die zweite Warnung: Als Krösus sich auf einen Krieg mit dem Perserkönig Kyros einließ, wurde er durch das delphische Orakel

gewarnt: »Wenn du den Halys überschreitest, wirst du ein großes Reich zerstören.« Diesen doppelsinnigen Spruch deutete er als Siegesverheißung und nicht als Warnung, daß er sein eigenes Reich zerstören würde.
Tatsächlich bezog Krösus Dresche und wurde von Kyros in der Festung Sardes eingeschlossen, und da passierte das Unglück. Nach dem Mittagessen guckte mal einer seiner Soldaten über die Mauer, wahrscheinlich um nachzusehen, ob da draußen ein paar Champignons gewachsen waren oder so was. Das wär' ja nicht weiter tragisch gewesen. Tragisch war nur, daß dieser Soldat die damals streng angeordnete Anschnallpflicht verletzt hatte, und durch diesen Verstoß kam es zum Zusammenbruch des Krösusreiches: Der Soldat hatte seinen Helm nicht angeschnallt, und als er sich über die Mauer beugte, fiel ihm der Blechtopf von der Birne und polterte den Felsen runter in die Tiefe. Durch das Geklapper wurde ein Soldat der feindlichen Armee des Kyros aus seinem Mittagsschläfchen geweckt, und der beobachtete nun, wie der barhäuptige Soldat über die Mauer huppte, die Felsspalte runterkraxelte, sich seinen Helm angelte und wieder zurückkletterte.

Der Schoß ist fruchtbar noch, aus dem das kroch

Damit war das Ende des Krösus besiegelt. Denn in der Nacht kletterten die Soldaten des Kyros an der gleichen Stelle hoch, und als sie oben auf der Mauer ankamen, stellten sie fest: weit und breit keine Wache! Die Bewohner von Sardes fühlten sich so sicher, daß sie es für überflüssig hielten, Wachen aufzustellen. Und so fiel Sardes in die Hand der Perser. Mitten im tiefen Schlaf wurden sie überrascht und überwältigt.
Und wenn jetzt Jesus in seinem Brief an die Gemeinde von Sardes sagt: »Seid wachsam!«, dann verstanden die genau, was gemeint war. So wie wir heute sehr genau

verstehen, wenn uns jemand zur Wachsamkeit ruft, wie z.B. der christliche Liedermacher Ulrich Wießner, der am letzten Totensonntag folgenden Nachruf verlesen hat:

Nachruf von Totensonntag für einen schwerkranken Patienten, der vor kurzem im Alter von 40 Jahren verstorben ist.

Wer war der teure Tote? Er kam am 7. Oktober 1949 in Ost-Berlin zur Welt, unter schwierigen Bedingungen, als kleiner, benachteiligter Bruder seiner erstgeborenen Schwester im Westen. Es war eine Zangengeburt. Stalin stand Pate. Die Kindheit in ärmlichen Verhältnissen ist schwer gewesen — wie bei fast allen Waisenkindern. Die Mutter, das Deutsche Reich, war wegen Verbrechens gegen die Menschlichkeit zum Tode verurteilt worden. Und Papa Adolf hatte Selbstmord gemacht und ein mörderisches Erbe hinterlassen. Von Kindesbeinen an führte Stalin seinen Zögling an der Hand. Der konnte zunächst nichts dafür, die Schwester im Westen besaß bessere Paten.

Große Parolen begleiteten den Lebensweg des Verstorbenen. »Ohne Gott und Sonnenschein bringen wir die Ernte ein!«, so lautete ein Lieblingsspruch aus seiner Jugendzeit. Der Speisezettel war dann auch entsprechend: Rotkraut, Weißkraut, Möhren. Beim Sprücheklopfen fiel ihm immer was ein: »Vorwärts zu allem möglichen!«, »Unser Weg ist richtig!«. . .

Der Charakter des Verstorbenen steckte voller Widersprüche. Er verhätschelte seine Lieblingssöhne: das waren alle, die ihm nach dem Munde redeten und die seine verordneten Modefarben trugen — rot und blau. Uns, seine störrischen Stiefkinder, hat er belogen und betrogen, bevormundet und bespitzelt. Aber er besaß auch positive Züge: Er liebte Ruhe und Ordnung, er haßte Rauschgift und Pornographie. Vielleicht werden wir ihn deshalb irgendwann — ein bißchen — vermissen.

Der Charakter des Patienten resultierte aus seiner Krankheit. Er litt an Atheismus (das ist der fanatische Verzicht auf göttliche Eingebungen). An dieser — eigentlich heilbaren — Krankheit ist er schließlich kurz nach seinem 40. Geburtstag gestorben.
In unserer Erinnerung an ihn bleibt der Fackelzug von Berlin das Allerletzte. Der Todeskampf war kurz. Der Patient schlug brutal um sich, besonders am 4. und 7. Oktober. Manchen von uns hat er mit seinem Wasserwerfer angepinkelt. Und »angeschissen« hat er uns alle: Herzliches Beileid, der teure Tote hinterläßt uns 130 Milliarden Ostmark Schulden und viele Milliarden Dollar Auslandsverbindlichkeiten. Wir alle erben von ihm verfallene Altbauten und einfallslose Neubauten, Wirtschaftsprobleme, Waldschäden, Leberschäden und ein total geschädigtes Vertrauen in die Obrigkeit. Der tote SED-Stalinismus hinterläßt aber auch eine ganz neue, grenzenlose Hoffnung für unsere Heimat. Die Geburtsanzeigen für diese neue Zeit in der Presse lesen sich gut. Es gibt viel zu tun, packen wir's an.
Unser Erblasser schlief dann doch noch friedlich ein: unter Friedensgebeten und Volksgemurmel verstarb er kürzlich in Leipzig und Dresden, Ost-Berlin, Plauen, Karl-Marx-Stadt . . . Wir tragen ihn nun zu Grabe, überall in der DDR, stückchenweise, immer montags. Und wir stellen ihm Kerzen hin, um nicht zu vergessen. Wir müssen gemeinsam aufpassen, daß der tote Diktator niemals wieder aufersteht. Und daß die Krankheit Atheismus nie wieder zur Regierungskrankheit wird.
Jede Woche ist wieder Montag. Ihr alle seid eingeladen: Trainieren wir gemeinsam den aufrechten Gang!
Karl-Marx-Stadt, am 26.11.89,
Ulrich Wießner

Sterben — schlafen — nichts weiter!

Das sozialistische Lügensystem ist zwar zusammengebrochen, aber die alte Garde geistert immer noch rum. An die Schalthebel der Macht sind Figuren aus der zweiten Reihe geschoben worden, aber die Macht ist immer noch in den gleichen Händen. Und wir müssen höllisch aufpassen, daß die uns nicht noch mal betrügen und der neue Betrug nicht schlimmer wird als vorher. Wer sein Vertrauen verspielt hat, soll nicht von Vertrauensvorschuß säuseln. Und wir Christen sollen uns nicht auf so was einlassen.
Wir sollen uns nicht anpassen, wir sollen aufpassen. Die christliche Gemeinde von Sardes hatte sich angepaßt, war in der degenerierten Stadt zur degenerierten Gemeinde geworden. Sie war nicht mehr das Salz, nur noch das Suppengrün der Gesellschaft.
Nach außen und von außen war alles bestens. Der kirchliche Betrieb lief wie geschmiert, aber innerlich war die Gemeinde degeneriert. Volle Gottesdienste, aber keine Vollmacht. Die Pfarrer ausgebucht, aber innerlich ausgebrannt. Korrekte Belehrungen, aber keine Bekehrungen. Alles schön und gut, aber alles ohne Glut. Und deshalb das schreckliche Urteil Jesu: »Du stehst in dem Ruf, daß du lebst, und bist tot.«
Dieses Urteil ist schrecklich, aber nicht vernichtend. Jesus will mit diesem Schreckschuß die Gemeinde von Sardes nicht erledigen, sondern erschrecken. Er will sie aufrichten, aufwecken. Jesus hat sogar für Tote noch Hoffnung. Die Bibel nennt nämlich jeden Menschen, der nicht an Jesus glaubt, tot. Das gilt für die Ungläubigen genauso wie für die, die zwar zur Kirche gehören, aber Gott nicht gehorchen. Und Bekehrung heißt: aufwachen, vom Tode auferweckt werden. Und deshalb gilt der Ruf der Bekehrung sowohl den Ungläubigen außerhalb als auch den Untätigen innerhalb der Kirche — Vers 2: »Wach auf!«

Die Schläfrigkeit, das Schlaffietum, ist für die Kirche gefährlicher als Irrlehre von innen und Druck von außen. Was die Kirche umbringt, sind nicht die Modernisten und nicht die Kommunisten, sondern die Schlafmützen. Solange König David am Rotieren war, hatte Gott an ihm nichts auszusetzen und der Teufel bei ihm keine Möglichkeit, anzusetzen. Aber als er sich den Mittagsschlaf angewöhnte, war's vorbei. David legte sich mittags zum Schläfchen hin und pennte, bis die Sonne unterging. Wenn er dann abends aufstand, dann ging er nicht regieren, sondern spazieren. Auf seinem Dachgarten ist er rumgeschlendert, hat der Frau Nachbarin ins Badezimmer reingegafft, hat sich vergafft und ist so in den Ehebruch reingeschlittert. Als er nichts Sinnvolles zu tun hatte, hat er die Sünde getan.

Bleib wach, wo der Teufel wächst

Der Pfeil des Versuchers trifft uns meistens dann, wenn wir es uns gemütlich gemacht und die Pantoffeln angezogen haben. Ein Leben mit Jesus und ein Leben mit Gemütlichkeit sind totale Gegensätze. Deshalb trommelt Jesus unentwegt an die Türen der Toten, Vers 2: »Wach auf! Sei wachsam!« Kein Gebot steht so oft im Neuen Testament wie das Gebot der Wachsamkeit. Es hat mal jemand gesagt: »Ständige Wachsamkeit ist der Preis der Freiheit.«

Wir haben in unserem Land seit 40 Jahren zum ersten Mal die Freiheit. Wir haben sie nur dadurch, daß das Volk sie auf der Straße erzwungen hat. Freiwillig hat uns die SED keinen Millimeter Freiheit eingeräumt, und deshalb müssen wir wachsam sein, daß sie uns die abgetrotzte Freiheit nicht wieder wegnimmt. Menschen, die uns 40 Jahre lang belogen haben, glauben wir kein Wort, können wir nicht vertrauen, dürfen wir nicht vertrauen. Vorsicht und Wachsamkeit gegenüber allen, die bisher über uns geherrscht haben, ist die erste Bürger-

pflicht. Wachsamkeit — das ist der Preis der Freiheit. Natürlich ist das hier in der Bibel noch in einem viel tieferen Sinn gemeint. Also nicht bloß Wachsamkeit gegenüber den Bonzen dieser Welt, sondern gegenüber dem Boß dieser Welt, also dem Teufel.
Die Bibel nennt den Teufel den Fürsten dieser Welt. Viele Christen und Pfarrer sind so verweltlicht, daß sie nicht mehr glauben, daß es einen Teufel gibt. Nun steht aber in der Bibel, daß Jesus gekommen ist, »die Werke des Teufels zu zerstören«. Dazu ist er Mensch geworden. Dazu ist es Weihnachten geworden. Und eine Kirche, die nichts mehr von Teufel, Hölle und ewiger Verdammnis weiß und sagt, die ist tot, und wenn sie noch so viel Aktionsprogramme laufen hat. Dann gilt: »Du hast den Namen, daß du lebst, und bist tot.«
Jesus sagt hier: »Ich kenne deine Werke, ich habe deine Werke als nicht vollkommen erfunden.« Jesus erwartet also etwas von uns. Meistens ist es umgekehrt — wir erwarten etwas von Jesus. Er muß uns helfen, trösten, Kraft geben. Macht er ja auch. Aber er hat auch Erwartungen an uns. Wir haben ein Soll zu erfüllen, eine Aufgabe. Er braucht unsere Hilfe. Wenn etwas getan werden muß, braucht er einen Menschen, der es für ihn tut. Er erwartet, daß wir ihm dienen, ihm treu sind, uns zu ihm bekennen, uns zu ihm bekehren. Er sagt hier in Vers 3: »Tu Buße!«, d.h.: bekehre dich!

Mein Ekel vorm Chamäleon

Die Bekehrung — also die Abkehr vom Unglauben, die Umkehr vom falschen Weg, die Hinkehr zu Jesus, die Heimkehr zu Gott, die Kehrtwende des gesamten Lebens —, das ist ganz was anderes als das, was manche in unserem Land »Wende« nennen. Ohne offenes Schuldbekenntnis, ohne öffentliche Reue und Entschuldigung, ohne freiwilligen Rücktritt und ohne Anerkennung der Bestrafung für begangene Verbrechen

wird die Wende zum wetterwendischen Schachzug.
Es ist einfach ekelhaft, was manche Leute, die eben noch den Gummiknüppel geschwungen haben, auf einmal für demokratische Reden schwingen. Solche verlogene Schauspielerei meint die Bibel nicht, wenn sie von Bekehrung spricht. Es gibt kein Jesusbekenntnis ohne Schuldbekenntnis, es gibt kein Christentum ohne Entscheidung. Einfach so im frommen Haufen seit der Taufe mitlaufen – ohne Sündenerkenntnis, ohne Sündenbekenntnis, ohne Jesusbekenntnis – das heißt geistlich tot sein, auch wenn dein »Jesus lebt«-Schild am Motorradhelm klebt. Wenn du weiter nichts hast als so einen Aufkleber-Jesus, bist du ein geistlicher Trittbrettfahrer, der spätestens bei der Wiederkunft Jesu gewippt wird.
Vers 3: »Wenn du aber nicht wachen wirst, werde ich kommen wie ein Dieb, und du wirst nicht wissen, zu welcher Stunde ich über dich kommen werde.« Das ist eine scharfe Drohung. Wie ein Dieb, also unangemeldet, wird Jesus kommen, um die Welt zu richten. Und nur wer getauft ist und Jesus die Treue gehalten hat, darf mit in Gottes Reich. Das ist eine herrliche Einladung.
Es werden ihr aber nur wenige folgen. Die breite Masse, auch die Masse der Getauften, marschiert auf dem breiten, bequemen Weg in die Hölle, und es sind nur wenige, die den schmalen, schweren, unpopulären Weg zum Himmel gehen.

Egon und die Ahnungslosen

Vers 4: »Aber du hast einige in Sardes, die ihre Kleider nicht besudelt haben; die werden mit mir wandeln in weißen Kleidern, denn sie sind's wert. Wer überwindet, der soll mit weißen Kleidern angetan werden.«
Auch das haben wir in diesen Tagen anschaulich erlebt: Die weißen Westen sind total ausverkauft. Jeder will eine haben, aber nur wenige haben eine. Außer Egon

Krenz, der von sich sagt: »Ich habe eine reine Vergangenheit.« Die meisten anderen haben sich aber besudelt, bis hin zu denen unter euch, die bei der letzten sogenannten Wahl und bei der Jugendweihe mitgemacht haben.
Es sind inzwischen ungeheure Sauereien ans Tageslicht gekommen, z.B. die Jagdgründe des Gewerkschaftsbosses Harry Tisch. Den haben sie erwischt, aber ich glaube nicht, daß Egon & Co. nichts davon gewußt haben. Ich vermute, die hatten die gleichen Tisch-Sitten, die sie jetzt bloß vertuschen wollen.
Es muß aber auch ein paar anständige Persönlichkeiten gegeben haben, die sich nicht bereichert und besudelt haben, und nur denen geben wir eine Chance. Jesus sagt: »Selbst in dem degenerierten Sardes hat es ein paar Leute gegeben, die sich aus der Lüge rausgehalten haben.« Die sind es wert, ihre Ewigkeit mit Jesus zu verbringen.
Du hast die Chance, einer von denen zu sein. Du hast die Chance, in den Himmel zu kommen. Du hast die Chance, das ewige Leben zu bekommen. Lebe mit Jesus, lebe wie Jesus, halte Jesus die Treue — dann bist du dabei in Gottes Herrlichkeit.
Das kostet Kraft und Kampf, aber das lohnt sich, denn — Vers 5 —: »Wer überwindet, der soll mit weißen Kleidern angetan werden, und ich werde seinen Namen nicht austilgen aus dem Buch des Lebens, und ich will seinen Namen bekennen vor meinem Vater und vor seinen Engeln.« Die Frage, um die sich alles dreht, heißt: Steht dein Name im Buch des Lebens?

Mein Parteibuch bringt mich um

In der St.-Georgs-Kapelle der Londoner Westminster-Abtei steht ein Denkmal des Zweiten Weltkrieges. Es besteht aus vier Wänden mit den Namen von über 60.000 Zivilisten, die bei Bombenangriffen ums Leben kamen. Auf einem Tisch in der Mitte liegt ein aufgeschlagenes Buch, und ein Scheinwerfer beleuchtet die Namen auf den offenen Seiten. Jeden Tag wird eine Seite umgeschlagen.

Bist du dir darüber im klaren, daß Gott eines Tages seine Bücher aufklappen wird? Dann wird der Scheinwerfer von Gottes Klarheit und Herrlichkeit die Namen von denen, die im Buch des Lebens stehen, zum Leuchten bringen. Das wird ein herrlicher Augenblick sein, dem eine ganze Ewigkeit von Herrlichkeit folgen wird. Und es wird ein schrecklicher Augenblick für Millionen sein, dem eine Ewigkeit von Verlorenheit folgen wird, wenn sie am Tag des Gerichts feststellen müssen, daß ihr Name nicht drin steht, daß sie draußen bleiben müssen, außerhalb von Gottes Herrlichkeit in der ewigen Finsternis und Verdammnis.

Vor diesem schrecklichen Augenblick und der ewigen Verlorenheit will Jesus dich bewahren. Deshalb sagt er heute zu dir: »Wach auf!« Wach auf aus deinen Träumen, als ob deine Sünde nicht weiter schlimm wäre. Wach auf aus deinen Träumen, du wärst ein guter Mensch mit sauberer Vergangenheit. Wach auf aus deinen Träumen, als ob du noch wer weiß wieviel Zeit hättest. Wach auf aus deinen Träumen, als ob irgend etwas in der Welt wichtiger wäre als Jesus. Wach auf aus deinem tödlichen Irrtum, irgendein Buch wäre wichtiger als das Buch des Lebens.

Viele Menschen in unserem Land haben das Parteibuch für wichtiger gehalten und stehen jetzt vor der Pleite. Und man hört ja von manchen Selbstmorden einiger Funktionäre, die es nicht verkraften können, daß sie aufs falsche Pferd gesetzt haben. Ich erlebe das nun alles schon zum zweiten Mal. Als das Nazireich zusammenbrach, gab es die gleiche Selbstmordwelle unter den Funktionären und die gleiche Enttäuschung bei den betrogenen Mitläufern. Leider sind viele nicht klug daraus geworden und haben den gleichen Fehler wiederholt, haben ihr Parteibuch gewechselt, aber nicht ihre Grundeinstellung, die egoistische Anpassung, und heute steigen viele um auf den neuen Abgott, der da heißt Westgeld.

Die Reisebeilage

Leute, ihr erlebt es ja nun selber mit, wie sinnlos es ist, wenn man sein gesamtes Leben an einer irdischen, vergänglichen Größe orientiert. Das führt immer zur Katastrophe. Die geschichtlichen Katastrophen und die Katastrophe des jüngsten Gerichts überlebst du nur, wenn du dein Leben an einer ewigen, unvergänglichen Größe orientierst. Deshalb häng dich nicht an die Falschen, häng dich an Jesus. Er ist der einzige, der unvergänglich und unwandelbar ist, wie die Bibel sagt: »Jesus Christus, gestern und heute, und derselbe in Ewigkeit.« Das ist der, der dich unwandelbar und unsagbar liebt, der dir deine Schuld vergibt, der dir das ewige Leben gibt — wenn du willst, wenn du glaubst. Ich frage dich: Hast du dich schon ins Buch des Lebens eintragen lassen? Eines Tages wird das Buch aufgeschlagen! Bist du sicher, daß du drin stehst?

Ich stehe drin. Das weiß ich. Mit seinem eigenen Blut hat Jesus meinen Namen dort eingetragen. Er hat mich ins Hausbuch Gottes eingeschrieben. Ich habe dort ein ewiges Zuhause. Jesus hat mir ein ewiges Wohnrecht bei Gott erworben.

Das hat er am Kreuz für mich getan. Das glaube ich. Das hat er am Kreuz auch für dich getan. Glaubst du das? »Wer an mich glaubt«, sagt Jesus, »der hat das ewige Leben.« Vergiß nicht: Das Buch wird aufgeschlagen!

Gott hat in unserem Land eine Situation geschaffen, um unserem Volk noch einmal die Chance der Bekehrung zu geben. Das ist das Entscheidende an der jetzigen Situation.

Begreift ihr denn nicht? Es geht nicht um die Ent-

scheidung für oder gegen Sozialismus oder Kapitalismus. Es geht um die Entscheidung, endlich den falschen Göttern abzusagen oder nicht.
Ich bitte dich: »Entscheide dich für Jesus.« Vergiß nicht: Das Buch wird aufgeschlagen! Laß dich jetzt nicht wieder einschläfern durch den Gedanken an neue Möglichkeiten wie z.B. die, zu reisen. Laß dich aufwecken durch den Gedanken an die Möglichkeit, daß die Reise deines Lebens eines Tages zu Ende ist, daß Jesus zum Gericht kommt. Vergiß nicht: Das Buch wird aufgeschlagen. Ich frage dich nochmals: Stehst du schon drin?
Mensch, wach doch auf!

Gott nimmt dich auf der Stelle

Matthäus 20,1 ff *10. Juni 1990*

Ein Gespenst geht um in Europa, das heißt Arbeitslosigkeit. Alle, die ihm begegnen, wollen nur eins: leben. Sie wollen Arbeit haben, damit sie Geld haben, damit sie was zum Leben haben.

Stellt euch vor: Arbeitsamt, früh um sechs. Lange Schlange, lange Gesichter, lange Weile, miese Stimmung. Noch bevor das Arbeitsamt öffnet, fährt auf dem Hof ein fetter Mercedes vor, ein Boß steigt aus und sagt: »Alle, die einen Job suchen, können bei mir anfangen.« Sofort stürzen sich die Massen zum Mercedes, kurzes Hin und Her — wie ist die Arbeit, wie ist die Bezahlung — 40 Mark pro Tag, o.k., und ab geht's in die Produktion.

Ein paar Stunden später braust der Boß wieder beim Arbeitsamt vor, wieder sind ein paar Arbeitslose da, wieder die gleiche Lohnvereinbarung, wieder sind ein paar Menschen glücklich, daß sie Arbeit gefunden haben.

Der Boß taucht dann noch mal mittags um zwölf und nachmittags um drei auf, jedesmal findet er ein paar Arbeiter, die er einstellt. Zum letztenmal dreht er um fünf seine Runde und entdeckt auch da noch welche, die untätig rumstehen und unentwegt Zigaretten drehn. Er fragt: »Wieso habt ihr heute nicht gearbeitet?« Antwort: »Uns wollte keiner haben.«

Margarethe, gib mir die Knete

Wer weiß, bei wievielen Betrieben die vorgesprochen hatten, die waren vielleicht den ganzen Tag von einem Personalbüro zum anderen gerannt und überall zu spät gekommen. Vielleicht waren sie auch schon dafür be-

kannt, daß sie mit ihrem sozialistischen Tempo nicht gerade die Fleißigsten waren, und hatten deswegen keinen Job erwischt. Wie dem auch sei, der Tag war so gut wie rum, und sie hatten keine müde Mark gemacht. Und da sagt der Boß zu ihnen: »Wenn ihr wollt, könnt ihr bei mir mitmachen.«
Die denken, der spinnt: »In einer Stunde ist Feierabend, das lohnt sich doch gar nicht mehr. Vielleicht hat der 'ne Meise, Hauptsache, wir kriegen die Mäuse. Wenn der Boß viel Geld zu vertun hat — packen wir's an.«
Also, auch die ab in die Produktion. Kaum haben die ein Stündchen mitgemacht, brüllt der Vorarbeiter: »Sense, Feierabend!«, und es beginnt der angenehmere Teil des Abends: Man versammelt sich vor der Kasse, um den Lohn zu holen.
Der Boß hat inzwischen seinem Verwalter die Anweisung gegeben, das Geld auszuzahlen. Aber auch da hat er wieder einen seltsamen Einfall. Er ordnet nämlich an: »Fang mit der Auszahlung bei denen an, die ich zuletzt eingestellt habe, und hör bei denen auf, mit denen ich angefangen habe.« Scheint nicht ganz rund zu laufen, der Mann, aber Hauptsache, der Kies stimmt. Es drängeln sich also sofort die, die zuletzt gekommen sind und die am wenigsten gearbeitet haben, nach vorn an die Rampe, strecken ihre Flossen aus und kassieren die begehrten Mäuse.
Bis dahin hatten die anderen ja noch ihre Klappe gehalten. Jetzt geht ein Gemurmel durch die Menge, und man blickt etwas finster, als die letzten als die ersten ausgezahlt werden, aber was dann kommt, ist nun wirklich das Letzte. Es stellt sich nämlich heraus, daß die letzten genausoviel kriegen wie die ersten, also einen vollen Tageslohn, also 40 Mark.
Als die anderen Arbeiter das mitkriegen, finden sie das natürlich ungerecht. Aber sie sagen sich: Wenn er denen für eine Stunde den vollen Tagessatz gibt, dann müssen wir für 8 Stunden auf alle Fälle mehr kriegen,

auf alle Fälle mehr als 40 Mark. Aber auch sie kriegen nicht mehr als die vereinbarten 40 Märker, und da bricht die Revolution aus. Es gibt ein Riesengemecker: »Was fällt denn dem ein? Der Boß ist wohl verrückt! Der muß vors Arbeitsgericht. Wo bleibt die soziale Gerechtigkeit? Und überhaupt — gibt's hier keine Gewerkschaft? Wir haben den ganzen Tag in der schweinischen Hitze geknechtet, die achtfache Leistung erbracht wie die Schlümpfe, die hier kurz vor Feierabend reingeschlüpft sind; die haben in der Abendkühle ein Stündchen mitgemischt, und jetzt sahnen die den vollen Lohn ab. Das darf doch nicht wahr sein!«

Sterntalerkind und der Manteltarif

Das werdet ihr inzwischen auch denken, und ihr werdet euch fragen, wozu ich euch solche ausgefallenen Geschichten erzähle. Denn wenn es in Wirklichkeit so etwas gäbe, gäbe es ja ein wirtschaftliches Chaos. Kein Betriebsdirektor könnte sich solche Graupen erlauben. Keine Wirtschaft würde so was aushalten, keine Arbeitnehmerschaft sich so was bieten lassen, einfach weil es ungerecht ist. Gleicher Lohn für gleiche Arbeit — der Grundsatz ist absolut in Ordnung. Und wer den antastet, bringt die Welt in Unordnung. Gleicher Lohn für gleiche Arbeit — wer da nicht mitmacht, ist ungerecht.
So ungerecht ist Gott. Bei Gott geht es so verrückt zu wie in unserer verrückten Geschichte, in der alle unsere Maßstäbe ausgehebelt — eben ver-rückt sind.
Jetzt muß ich erst mal sagen, daß nicht ich mir diese Geschichte ausgedacht habe, sondern Jesus. Könnt ihr nachlesen in der Bibel, Matthäus 20. Dort geht die Geschichte los mit den Worten: »Das Reich Gottes ist so wie ein Hausvater, der früh am Morgen losging, um Arbeiter zu suchen für seinen Weinberg.« Es geht hier also um das Reich Gottes, und das erste, was der Mann in dieser Geschichte macht, ist, mit seinen Arbeitern über

den Lohn zu reden. Also reden wir erst mal über den Lohn, also über die Frage: Lohnt es sich, bei Gott mitzumachen?
Ich finde erst mal gut, daß in der Bibel ganz offen über diese Frage geredet wird. Unmittelbar vor unserer Geschichte haben die Jünger an Jesus genau die gleiche Frage gestellt: »Wir haben alles aufgegeben und sind mit dir gegangen. Was bekommen wir dafür?« Die Frage ist berechtigt, und auch du hast das Recht, diese Frage zu stellen: Was hab' ich davon, wenn ich Christ werde? Wir Menschen sind nun mal so, daß wir nichts für lau machen. Wir wollen wissen, was dabei rausspringt, sonst springen wir gar nicht erst an.

Rechne mit dem Wirt

Ich kenne kein Buch, keine Religion, keine Philosophie, die so nüchtern vom Menschen redet wie die Bibel. Realistisch, wie die Bibel ist, antwortet sie auf die nüchterne Frage: Bringt's was? mit einem klaren Ja. Ja, es lohnt sich. Du kriegst einen Lohn, eine Belohnung. Zum Glück ist Jesus nicht so übergeistlich wie manche Leute in der Kirche, die angeblich um Gottes willen alles umsonst machen wollen. Gott will das nicht! Im Gegenteil, er will ja gerade einen Lohn geben. Gott ist kein Ausbeuter, sondern ein Vater, der seine Kinder kennt und ihnen eine Belohnung gönnt.
Der Mann in unserer Gleichnisgeschichte hätte keinen einzigen Arbeiter bekommen, wenn er nicht von vornherein als erstes von sich aus einen festen Lohn versprochen hätte. Und ich sehe überhaupt keinen Grund, warum du Christ werden solltest, wenn's dir nichts bringt. Und wenn ich dir heute die Einladung Gottes zur Mitarbeit in seinem Reich bringe, stehe ich nicht mit leeren Händen da. Gott hat mich als seinen Verwalter eingesetzt und mich ermächtigt, dir deine erste Rate gleich mal auszuzahlen. Gott möchte dich für sein Reich

gewinnen. Er möchte, daß du dich bekehrst und sein Mitarbeiter wirst. Und wenn du fragst: Was krieg' ich, wenn ich in die Firma eintrete? Dann kann ich dir sagen: Die Belohnung ist das ewige Leben.
Ist das etwa nichts? Ist dir schon mal einer begegnet, der dir so was angeboten hat? Ist dir klar, daß das ein einzigartiges Angebot ist? Das ewige Leben geht nicht erst los, wenn dein Leben zu Ende ist, sondern das geht los in dem Moment, wo du bei Jesus anfängst. Dann bekommt dein Leben eine neue Qualität, die nicht mal der Tod zerstören kann. Und dann kannst du, das gehört allerdings auch dazu, nach deinem Tod deine Ewigkeit bei Gott zubringen.
Die Ewigkeit liegt sowieso vor dir. Die Frage ist nur, wo und mit wem du sie verbringst: Mit Jesus im Himmel oder ohne Jesus in der Hölle. Das ist die Frage, die du in deinem Leben klären mußt, und die Bibel sagt ganz klar: Der Lohn der Sünde ist der Tod, der Lohn Gottes ist das ewige Leben.

Bei Jesus gibt es jetzt erst Recht

Es geht also bei Gott im Himmel genauso wie beim Job auf der Erde um Lohn. Du mußt aber, um zu kassieren, nicht erst warten, bis du im Himmel bist. Die Auszahlung geht auf der Erde schon los. Einen Teil zahlt Jesus jetzt schon aus. Jesus ist kein Geizhals. Der läßt dich nicht bis zur Ewigkeit warten, und der läßt dich nicht für umsonst arbeiten. Was du in diesem Leben für ihn einsetzt, kriegst du in diesem Leben vielfältig zurück, das hat Jesus versprochen.
Als die Jünger sagten: Wir haben alles aufgegeben und sind mit dir gegangen — was kriegen wir dafür?, hat Jesus geantwortet (Markus 10,29ff): »Das sollt ihr wissen: Jeder, der sein Haus, seine Geschwister, seine Eltern, seine Kinder oder seinen Besitz aufgibt, um mir zu folgen und das Evangelium weiterzusagen, der wird

schon hier alles hundertfach zurückerhalten: ein Zuhause, Brüder und Schwestern, Eltern, Kinder und alles, was er zum Leben braucht. All dies wird ihm — wenn auch mitten unter Verfolgungen — hier auf der Erde gehören und außerdem in der zukünftigen Welt das ewige Leben.«

Das kann ich aus meinem Leben voll bestätigen, mir hat Jesus alles gegeben, was ich zum Leben brauche.

Bei den Kommunisten bin ich erst durchs Abitur geflogen, dann aus der Uni, aber die konnten mit mir anstellen, was sie wollten — Jesus hat mich trotzdem bei sich angestellt, und ich hab' alles, was ich brauche, weil er mich nicht aufs Jenseits vertröstet, sondern mich im Leben hier unterstützt.

Aber der Hauptanteil des Lohns, den Jesus jetzt schon auszahlt, sind gar nicht die Menschen und materielle Werte, sondern die Vergebung der Sünden. Und daran wird besonders deutlich, daß der Lohn, von dem Jesus redet, immer Gnadenlohn ist. Vergebung kannst du nicht verlangen. Du kannst sie erlangen, wenn du sie dir schenken läßt. Und »wo Vergebung der Sünden ist«, sagt Luther, »da ist Leben und Seligkeit.«

Wenn der Lohn ewiges Leben ist, ist klar, daß der Lohn für alle gleich ist. Denn ein ewiges Leben, das in unterschiedliche Portionen aufgeteilt wird, wäre ja nicht mehr ewig. Bei Gott gibt's gleichen Lohn für alle, unabhängig von der Leistung des einzelnen. Das ist zwar nach unseren Begriffen ungerecht, aber Jesus erzählt uns seine Geschichte, damit wir begreifen, daß Gott anders rechnet als wir.

Die Ode vom kleinen Brötchen

In unserer Gleichnisgeschichte maulen die, die schon lange dabei sind, über die, die im letzten Moment kommen. Die dürften ihrer Meinung nach nicht das gleiche kriegen wie sie. Also ungefähr so wie heute, wo

sich eine Menge Bundis echt darüber aufregen, daß wir, die armen Brüder und Schwestern aus dem Osten, nach 40 Jahren Gammelei von einem Tag zum anderen an den Segnungen der Westmark teilhaben dürfen.
Einer hat mir empört aus dem Westen geschrieben: »Wir haben uns das alles auch erst schwer erarbeiten müssen.« Als ob nicht auch wir schwer gearbeitet hätten! Der Unterschied war bloß der, daß die Bundis die Früchte ihrer Arbeit selber genießen konnten, während uns die Kommunisten die Früchte unserer Arbeit weggenommen haben.
Jetzt jedenfalls kriegen wir Westgeld, und obwohl es die Wessis keinen Pfennig persönliches Opfer kostet, sind manche empört, daß wir Spätheimkehrer in die BRD ihnen gleichgestellt werden. Die haben noch gar nicht geschnallt, daß es nicht ihr eigenes Verdienst, sondern die reine Gnade Gottes war, daß sie schon seit 40 Jahren in Freiheit arbeiten konnten.
Und umgekehrt gibt es DDR-Bürger, die tun so, als hätten sie ein Recht auf die Segnungen der D-Mark. Die stellen Forderungen und merken gar nicht, wie unverschämt das ist. Ich bin kein Fan von Kohl, aber ich finde, wir müssen dem die Füße küssen, daß er uns nimmt.
Wer sind wir denn? Wir sind nicht nur pleite, wir sind millionenfach verschuldet und außerdem schädlich, wir sind die größten Umweltschädlinge Europas. Wir müssen froh sein, daß uns noch einer nimmt. Wo gibt's denn so was, daß so was wie unsereins noch Forderungen stellen kann? Wir haben dazu überhaupt kein Recht; nicht gegenüber der Bundesrepublik und gleich gar nicht gegenüber Gott.
Die Bundesrepublik ist für mich nicht der Himmel auf Erden, aber ich finde es herrlich, daß der Westen uns abgewirtschaftete Ossis nimmt und wir die D-Mark kriegen, und ich bin dankbar dafür. Ich finde es herrlich, daß Gott uns abgefeimte Sünder nimmt und wir das ewige Leben kriegen, und ich bin dankbar

dafür. Und ich sehe ein, daß ich auch eine Leistung erbringen muß. Nicht, um mir das Reich Gottes zu verdienen, sondern weil Zugehörigkeit zum Reich Gottes *dienen* bedeutet.

Am Besen werd' ich dich erkennen

Im Reich Gottes, das sagt ja unsere Geschichte eindeutig, wird gearbeitet, und zwar schwer. Das sollten sich alle die christlichen Schlaffies hinter die Schlappohren schreiben, die das Leben mit Gott mit dem Schlaraffenland verwechseln. Ich schäme mich, am Ende jedes Jugendgottesdienstes darum bitten zu müssen, daß hier ein paar von euch die Kirche, in der wir zu Gast sind, mit saubermachen. Wenn ich zur Bekehrung auffordere, meldet sich keiner, weil angeblich alle bekehrt sind. Aber wenn ich zum Kehren auffordere, meldet sich auch keiner, womit bewiesen ist, daß nicht alle bekehrt sind. Denn wären genug Bekehrte hier, hätten wir hier genug zum Kehren. Und ich kann es immer weniger ertragen, wenn ich höre, wie manche Christen heute nach Geistesgaben streben, wobei es fast immer ums Zungenreden geht. Aber ich habe noch keinen kennengelernt, der die Gabe des Helfens haben möchte. Ich habe nichts gegen das Zungenreden und nichts gegen das Streben, immer strebt nur, aber fragt bitte mal vorher bei Gott an, welche Gabe er für diese Zeit für wichtig hält.

In unseren Krankenhäusern herrschen unbeschreibliche Zustände wegen Personalmangels, aber da streben die jungen Christen nicht hin. Vergeßt bitte nicht, daß Gott von euch Leistungen erwartet.

Die Arbeiter im Gleichnis sind eben Arbeiter, und sie werden nicht in die Produktion gerufen, um zu kassieren, sondern um zu produzieren. Gott hat dich nicht in sein Reich berufen, damit du deine kostbare Zeit und Kraft mit irgendwelchem Gerede vertust, sondern

damit du etwas für andere tust. Aber du kannst aufgrund deiner Leistung keinen Lohn fordern. Und du kannst gleich gar nicht gegen Gott meckern, wenn andere dasselbe kriegen wie du.
Zu einem der Meckerer sagt in unserer Gleichnisgeschichte der Big Boß: »Mein Freund, dir geschieht doch kein Unrecht! Haben wir uns nicht auf diesen Betrag geeinigt? Nimm dein Geld und geh! Ich will den anderen genausoviel zahlen wie dir. Schließlich darf ich doch mit meinem Geld machen, was ich will. Oder ärgerst du dich, weil ich großzügig bin?«

Gott hat nur deine Hände

Ich weiß nicht, ob unter euch solche unchristlichen Neidhammel sind, ich weiß aber, daß unter euch welche sind, die keine Christen sind. Euch möchte ich für Gott gewinnen. Euch möchte ich sagen, daß ihr auf der Stelle bei Gott anfangen könnt. Euch möchte ich klarmachen, daß ihr heute die Chance habt, ein neues Leben zu kriegen.
Vielleicht ist es dir bisher so gegangen wie denen, die den ganzen Tag Pech hatten und am späten Nachmittag auf dem Markt rumstanden. Auf der Suche nach dem Sinn des Lebens, nach einem lohnenden Leben, hast du vielleicht alles mögliche ausprobiert, aber nichts hat so richtig geklappt. Die Idee des Sozialismus hat dich begeistert, aber jetzt siehst du, daß sie dich betrogen haben. Du hast das schnelle Geld bei der Stasi gemacht, aber jetzt brennt dir dieses Geld in den Händen. Du hast gesucht in den Konzerten und den Diskos, in Büchern und Philosophien, in Schnapsgläsern und fremden Betten, aber deine Sehnsucht blieb unbefriedigt. Vielleicht warst du mal auf dem religiösen Trip, hast einem Guru vertraut oder den Zeugen Jehovas, hast aber nirgends gefunden, was du suchtest.
Und jetzt stehst du vor einem Trümmerhaufen und weißt

nicht, was du noch mit deinem Leben anfangen könntest. Komm, fang an bei Jesus, egal, was du hinter dir hast an mißglückten Versuchen, Pleiten und Sünden. Vor dir hast du ein neues Leben! Komm zu Jesus, und du hast das ewige Leben. Und die erste Rate der Lohnauszahlung bekommst du auf der Stelle: die Vergebung deiner Sünden.

Vielleicht geht es dir wie den Männern in der Geschichte, die resigniert rumhängen und sagen: »Uns wollte keiner haben.« Bei der Mun-Sekte mußt du Geld haben, bei den Anthroposophen mußt du Bildung haben, beim New Age mußt du Geld, Bildung und Zeit haben. Und wenn du das alles nicht drauf hast, dann heißt es eben: »Bedaure, Sie sind für uns nicht der richtige Mann.«

Falls du zu den armen Schweinen gehörst, die keiner haben will: Einer will dich haben. Gott will dich. Er nimmt dich auf der Stelle.

»Uns wollte keiner haben.« Das ist vielleicht die traurigste Feststellung, die ein Mensch treffen kann. Und das Traurigste ist, daß Millionen Menschen heute feststellen müssen: »Mich will keiner.« Zum Beispiel die, bei denen es mit der Abtreibung nicht geklappt hat; die von den eigenen Eltern nicht gewollt und nicht geliebt werden. Wenn du so einer bist, bist du hier richtig. Denn ich habe dir von Gott einen Gruß auszurichten und zu bestellen: Gott will dich.

Gott liebt dich. Gott braucht dich.

Es brennt! Es brennt!

Jesaja 60,1-2 *9. September 1990*

Lehrer: »Wer kann etwas über die großen Persönlichkeiten des 19. Jahrhunderts erzählen?« Schüler: »Sie sind alle gestorben.«

Der sowjetische Maler Ilja Glasunow hat ein riesiges Bild gemalt mit den Persönlichkeiten des 20. Jahrhunderts. Auf diesem Bild sind die Großen unserer Zeit dargestellt, deshalb ist es auch 18 Quadratmeter groß. Positive und negative Gestalten aus Politik, Wissenschaft und Kultur sieht man zwischen Blut, Stacheldraht und einem aufflammenden Atompilz — Weltuntergangsstimmung!

Da steht zum Beispiel der ermordete amerikanische Präsident J.F. Kennedy neben der Selbstmörderin Marilyn Monroe. Direkt davor stehen die Beatles, deren ermordeter Wortführer John Lennon einmal gesagt hat: »Die Beatles sind populärer als Jesus.« Dann sieht man den französischen Philosophen Jean Paul Sartre, dessen Glaubensbekenntnis lautete: »Der Mensch ist frei, in einer absurden Welt ohne Gott sich nach eigenen Gesetzen in heroischer Einsamkeit zu entwerfen.« Hinter Sartre steht wieder ein Selbstmörder, der Nobelpreisträger Ernest Hemingway, der nach seiner eigenen Aussage nur so beten konnte: »Unser Nichts, das du bist im Nichts, geheiligt werde dein Nichts. Dein Nichts komme.«

Neben solchen nihilistischen Philosophen und Dichtern, die mit ihrem Nihilismus und Atheismus Millionen Menschen verführt haben, stehen Politiker, die Millionen Menschen in den Tod geführt haben, z.B. der Führer Adolf Hitler, auch ein Selbstmörder. Und mitten in diesem Sammelsurium von leitenden Figuren unserer Zeit sieht man das naturwissenschaftliche Genie

dieses Jahrhunderts, Albert Einstein. Einstein hat einmal gesagt: »Es gibt nur eine Stelle in der Welt, wo es kein Dunkel gibt, das ist Jesus Christus.«
So ist es auch auf diesem Bild von Glasunow. Denn über dieser gespenstischen Ansammlung von Dunkelheit und Verbrechen leuchtet eine strahlende Hoffnung: am Horizont erscheint über der Erde Christus in majestätischer Größe und Herrlichkeit.

Fanta in der Finsternis

Dieses Bild drückt in Farben das aus, was der Prophet Jesaja in Worten ausgedrückt hat — Jesaja 60,2 —: »Finsternis bedeckt das Erdreich und Dunkel die Völker; aber über dir geht auf der Herr, und seine Herrlichkeit erscheint über dir.« Niemand beschreibt die Situation unserer Welt so treffend wie die Bibel mit diesem einen Satz: Finsternis bedeckt das Erdreich und Dunkel die Völker.
Unser Volk wird im Moment allerdings nicht mit Finsternis bedeckt, sondern mit Fanta überschwemmt und mit farbenfroher Verpackung überzogen. Das ist ja auch was zum Freuen, wenn's bei uns ein bißchen bunter wird, und ich gehöre nicht zu denen, die, nachdem wir die Lüge des Kommunismus hinter uns haben, jetzt bloß noch über die Lasten des Kapitalismus meckern. Das einzige, worüber ich zu meckern habe, ist, daß jetzt so viele was zu meckern haben.
Ich freue mich, daß ich mich abends in mein Bett legen kann ohne die Angst, nachts von der Stasi rausgeholt zu werden. Ich freue mich, daß ich an jeder Straßenecke meinen Enkeln ein Schöller-Eis kaufen kann, und ich freue mich, daß auch für unsere älteren Bürger vieles schöner wird. Zum Beispiel hat unser Chemnitzer Beerdigungsinstitut einen herrlichen, schwarzen, gut gefederten Mercedes als Leichenwagen angeschafft. Auch das Sterben macht bei uns jetzt wieder Freude! Ich

freue mich, daß so viele von euch die Chance hatten, im Sommerurlaub ein bißchen was von der Welt anzusehen.
Aber Freunde, auch wenn wir jetzt tausend Gründe zum Freuen und zur Dankbarkeit haben — das alles ändert nichts daran, daß es in der Welt nach wie vor finster aussieht. Und wer diese Finsternis nicht sieht, der ist einfach verblendet.
Wir können jetzt jeden Tag unseren Joghurt löffeln, aber immer noch sterben an jedem Tag 40.000 Kinder an Unterernährung, immer noch lebt eine Milliarde Menschen unter dem Existenzminimum, immer noch leben zwei Milliarden Menschen in der Finsternis des Heidentums und wissen nichts von Jesus, und unsere Welt wird immer mehr bedroht durch Löcher wie das Ozonloch oder durch Hussein, der zum Heiligen Krieg bläst.

Es könnte ein Licht sein sollen

Es wird immer dunkler in der Welt. Nichts nimmt so zu wie die Finsternis. Noch nie haben die Mächte der Finsternis und des Okkultismus so triumphiert. Noch nie sah die Zukunft so finster aus. Noch nie ging es den Pessimisten so gut wie heute. Und wer sich an solchen Gestalten orientiert, wie sie Ilja Glasunow auf seinem Gemälde dargestellt hat, dem bleibt wirklich nichts anderes übrig als Pessimismus. Es sei denn, er orientiert sich an der Gestalt, die auf dem Gemälde am Rande auftaucht: an Jesus. Auf der Bühne der Weltgeschichte ist Jesus weiter nichts als eine Randfigur.
Am Rande des damaligen Weltreiches wurde er in einem unbedeutenden Winkel geboren. Am Rande der menschlichen Gesellschaft, in Gesellschaft von Tieren im Kuhstall, dort stand die Krippe. Am Rande von Jerusalem, auf der Müllkippe der Heiligen Stadt, stand das Kreuz, an dem er starb. Von seinem Leben und Sterben

nahm die Weltpresse nicht einmal mit einer Randbemerkung Notiz. Was sich auf der Bühne der Weltgeschichte breit und in der Presse Schlagzeilen macht, sind die Breit- und Großmäuler, die mit ihren Worten und Taten die Menschen narkotisieren oder terrorisieren.

Die alle haben aber noch nichts daran geändert, daß der Zustand der Welt immer noch so ist, wie es die Bibel beschreibt: »Finsternis bedeckt das Erdreich und Dunkel die Völker.« »Aber«, so heißt es hier weiter, »aber über dir geht auf der Herr, und seine Herrlichkeit erscheint über dir«. Und nun behauptet Jesus: Der Herr, das Licht, von dem der Prophet Jesaja spricht, bin ich — ich bin das Licht der Welt. Er sagt nicht im verqueren Theologenslang: »Ich würde das Licht sein wollen.« Auch nicht: »Ich will das Licht werden.« Gleich gar nicht: »Ich möchte der Welt ein Stückchen Licht bringen.« Sondern: »Ich bin das Licht der Welt«. Punkt. Amen. Halleluja. Kein Wunschtraum. Keine Forderung, sondern eine Feststellung, eine Tatsache.

Was für eine herrliche Botschaft für unsere gebeutelte Welt, für die viele nur noch schwarz sehen können. Ja, es war noch nie so wahr wie heute, was Jesaja sagt: Finsternis bedeckt das Erdreich und Dunkel die Völker. Davon können wir alle ein Lied singen, auch wir Christen. Aber wir haben noch eine Strophe mehr drauf, und die heißt: Aber über dir geht auf der Herr! Dem allgemeinen Weltuntergangsgemuffel können wir diesen hellen Ton einer strahlenden Hoffnung und Glaubensgewißheit als Kontrapunkt entgegensetzen: Das Licht ist da! Jesus ist da! Jeder kann das Licht des Lebens haben!

Das brennt so ziemlich ewig

Im Chor der Ökumene gibt es Stimmen, die behaupten, daß dieses Licht auch in anderen Religionen flackert, also daß man auch im Islam, Buddhismus oder sonstwo Erlösung haben kann. Folgerung: Es darf nicht mehr vom Absolutheitsanspruch des Christentums geredet werden, und es muß nicht mehr von der Bekehrung geredet werden. Aber das ist absolut verkehrt! Wenn Jesus von sich sagt: »Ich bin das Licht der Welt«, dann sind damit alle anderen großen und kleinen Lichter als Menschheitserlöser ausgeschaltet und als Irrlichter eingestuft. Selbst ein Buddha, der sich selbst als einen »Erleuchteten« bezeichnet, ist neben Jesus nur eine Funzel, unfähig, dich aus deiner Schuld in die Freiheit zu führen, und vor allem unfähig, dich in Gottes Ewigkeit zu führen. Das ist das große Ziel, das darfst du unter keinen Umständen verpassen. Du hast ja nicht nur jetzt das Leben vor dir, für das Jesus dein Maßstab sein will. Du hast nach diesem Leben noch die Ewigkeit vor dir, auf die Jesus dich vorbereiten will. Die Ewigkeit — vergiß das nicht!

Und wo du deine Ewigkeit verbringst, mit oder ohne Gott, im Himmel oder in der Hölle, hängt davon ab, womit du dein Leben verbringst — ob mit oder ohne Jesus. Dein irdisches und ewiges Schicksal hängt an dieser Frage, an dieser Person, daran entscheidet sich alles.

In einem Lied heißt es: »Wer stirbt, der wird nicht nur zur Erde. Gott ruft ihn zum jüngsten Gericht. Finsternis bleibt für die einen zuletzt, die anderen dürfen ins Licht.« Mensch, du darfst ins Licht! Dort, wo es für alle endgültig finster wird, gehen wir Jesusleute ins Licht! Leute — was für eine Perspektive!

Was ist eigentlich deine Perspektive? Wohin gehst du ? Weißt du überhaupt, wo's lang geht? Ich frage dich jetzt, wie du zu dem Anspruch Jesu stehst und ob du schon mit ihm gehst. Also: Wer ist Jesus für dich? Zusatzbeleuchtung für kritische Strecken? Frommer Nebelscheinwerfer? Oder ist er dein Licht? Ist Jesus das Licht für dich?

Out go the lights

Vor ein paar Jahren fuhr ich die F 95 zwischen Leipzig und Chemnitz. Kennt ihr die? Also ich kenne die in- und auswendig.

Auf dieser Strecke bin ich absolut sicher. Die kenn' ich im Schlaf. Die könnte ich, wie man so sagt, mit geschlossenen Augen fahren. Das sagt man so, aber ich sage euch: So ist das gar nicht. Du kannst eine Strecke in- und auswendig kennen, ohne Licht bist du in der Nacht verloren.

Es war in der Nacht. Wir waren mit zwei Autos. Ich fuhr vorneweg, aber kurz nach Frohburg überholte mich der andere, und das war mein Glück. Denn da passierte es. Ich weiß bis heute nicht, woran es lag. Ich habe noch keinen gefunden, der es mir erklären konnte. Ich hab' so was auch nie wieder erlebt und von niemand anderem gehört.

Bei mir ging jedenfalls plötzlich — so wahr ich hier stehe: drei Mann von der Schloßband, die mitfuhren, sind Zeugen — also bei mir ging plötzlich das Licht aus. Einfach aus! Totales Blackout! Scheinwerfer aus, Armaturen aus — nichts! Das waren schreckliche Sekunden. Es können nur Sekunden gewesen sein, aber die haben gereicht! Immerhin flederten wir mit 80 Sachen durch die stockfinstere Nacht, und auf einmal fällt vor deiner Nase das Licht aus — du weißt echt nicht, wo du bist. Aber die Karre, in der du sitzt, rast ja weiter.

In diesen irren Sekunden hat mich eins gerettet: das Licht vom Vordermann. Das war in diesem Moment meine einzige Orientierung. Ich konnte nur eins machen: Lenkrad fest in die Hand nehmen und dem Licht vor mir hinterherfahren.

Ich habe damals nicht die ganze Straße vor mir erleuchtet gesehen. Ich habe keine Einzelheiten gesehen. Aber ich sah das Licht, und ich wußte: wo das Licht ist, ist die Fahrbahn. Wo der fährt, kann auch ich fahren.

Wie gesagt: Ich hatte keinen Überblick über die ganze Situation. Aber ich hatte das Wichtigste, was ich in dieser Situation brauchte: Ich hatte die Richtung.

Keine Probleme ab 30 °C

Jesus sagt: »Ich bin das Licht.« Kein Scheinwerfer, der bis in die letzte Ecke strahlt. Aber ein Licht, in dessen Schein du immerhin die nächsten Schritte tun kannst. Du hast die Richtung! Wie gesagt, das alles waren nur Sekunden, ich war noch beim Bremsen, als das Licht wieder anging und ich mich wieder fing. So, und seitdem weiß ich, daß es Quatsch ist, wenn einer sagt: »Ich kenn' mich aus. Ich bin schlau genug. Ich komm alleine durchs Leben. Ich brauch' keinen, der mir zeigt, wo's lang geht. Mir reicht Jesus für den Sonntag, den Alltag packe ich ohne den.«
Sonnenklar, daß du an sonnigen Tagen bei 30 Grad Hitze und null Problemo gut zurechtkommst. Du wärst ja blöd, wenn du das nicht schaffen würdest. Bei Sonnenschein gute Laune haben, na das ist keine Kunst!
Es ist aber auch kein Geheimnis, daß das Leben nicht nur aus sunny days besteht. Es gibt auch dunkle Stunden. Über die redest du natürlich mit niemandem. Aber du hast sie. Du kennst sie. Tu jetzt nicht so, als ob du nicht wüßtest, wovon ich rede. Ich rede von den Stunden, wo du in deiner Bude hockst und heulst, weil irgend etwas schief gegangen ist, weil du nicht weißt, wie's weitergehen soll, weil du nicht mehr durchsiehst, weil du deine Ohnmacht erlebst, weil du irgendwas einfach nicht packst. Das sind die Stunden, wo du dir wünschst: Jetzt müßte mir einer sagen, wo's lang geht.
Der bin ich, sagt Jesus. Wenn du zu mir kommst, siehst du klar und kommst du klar.

Wer'n bißchen was auf sich hält . . .

Ich habe noch nie einen Menschen getroffen oder von einem gehört, der so weit gegangen ist und so was von sich sagt: Ich bin das Licht der Welt. Manche denken von sich: »Ich bin ein großes Licht.« Aber das denken die nur, laut sagen tut das keiner. Denn wenn einer sagen würde, so in vollem Ernst: »Leute, mal ehrlich: Ich bin ein großes Licht« — ich schätze, der würde nicht mehr lange frei rumlaufen. Denn jeder würde sich doch an die Stirn tippen und sagen: »Mann, du läufst wohl nicht ganz rund, du spinnst ja.«

Das haben die Leute zu Jesus damals auch gesagt. Das sagen auch heute viele zu Jesus. Das kannst du natürlich genauso sagen. Aber du kannst auch was anderes machen. Du kannst es nachprüfen. Ausprobieren. Testen. Das ist überhaupt die einzige Möglichkeit, um rauszukriegen, ob das, was Jesus sagt, hinhaut oder nicht. Ob der dich hinters Licht führt oder ins Licht.

Bloß so mit Drüber-Diskutieren, Aus-der-Ferne-Theoretisieren spielt sich bei Jesus überhaupt nichts ab. So aus der Distanz heraus kriegst du über ihn überhaupt nichts raus. Du mußt rankommen, richtig nahe. Jesus nennt das Nachfolgen. Bei ihm einsteigen. Mitmachen. Und indem du Schritte mit Jesus gehst, merkst du, ob es mit ihm geht. Indem du tust, was er sagt, erfährst du, ob er die Wahrheit sagt.

. . . schickt Theo in die Zelle!

Ich wollte mal von unterwegs meine Frau anrufen. Ich rein ins nächste Postamt. Dort hatten sie zwar eine Telephonzelle, aber die war stockfinster. Ich reiße die Türe auf — vor mir ein dunkles Loch wie ein schwarzlackierter Sarg bei Mondfinsternis. Und nirgends ein Lichtschalter! Ich sag' zu dem Fräulein von der Post: »Kann man hier irgendwo Licht machen?« Sagt die: »Jaa, da müssense reingehen!« Ich sage: »Das will ich ja gerade, aber ich kann ja nicht rein, weil's da drin finster ist.« Sagt die wieder: »Nu hörense mal auf mich, gehnse nur erst mal rein in die Zelle, dann wernse schon sehn.« Ich also gehorsam da rein, und wupp — in dem Moment, wo ich mich mit beiden Beinen auf den Fußboden der Zelle gestellt habe, geht oben das Licht an. Der Schalterkontakt war genau unter dem Fußboden. Erst als ich mich da draufgestellt hatte, war der Kontakt da, und die Post ging ab.

Wenn ich nicht in die Zelle reingegangen wäre, wäre die finster und ich ohne Verbindung zu meiner Frau geblieben. Ich hätte eben nicht erfahren, wie es ihr geht und den Kindern, ob Westpakete angekommen sind und solche wichtigen Dinge. Ich hätte eben keine Information gehabt. Ich wäre unwissend geblieben, außerdem unglücklich, weil ich ja das Ziel meiner Sehnsucht nicht erreicht hätte. Daß es doch geklappt hat, verdanke ich nur der Tatsache, daß ich das gemacht habe, was mir das Fräulein von der Post gesagt hat. Ich hätte ja dagegen einwenden können: »Solange Sie mir nicht beweisen, daß es in der Telephonzelle Licht gibt, glaube ich Ihnen gar nichts und gehe da nicht rein.« Die konnte mir von ihrem Platz aus gar nichts beweisen. Den entscheidenden Schritt mußte ich schon selber tun.

Und ich kann dir von meinem Standpunkt aus auch gar nichts beweisen. Den entscheidenden Schritt mußt du schon selber tun. Ich kann dir nur sagen: Dir wird ein Licht aufgehen, wenn du zu Jesus hingehst. Also geh hin!

Und dann geht dir die Sicht auf

»Zu Jesus gehen« heißt: ihn anreden. Du kannst z.B. sagen: »Herr Jesus, ich will rauskriegen, ob das stimmt, was ich da von dir höre. Ich will tun, was du sagst.«

Daß das Fräulein von der Post mich nicht verklapst hat, habe ich daran festgestellt, daß ich mich in die Zelle

reingestellt habe. Ich hatte nur eine Chance: Ich war gehorsam. Du hast nur eine Chance, wenn du rauskriegen willst, ob Jesus das Licht ist: Wenn du ihm gehorsam bist. Wenn du ihm nachfolgst. Also: Wer nachfolgt, sieht klar. Das erste, was du siehst, ist deine Schuld. Du erkennst dich im Lichte Gottes und siehst, daß du überhaupt nicht so bist, wie du nach Gottes Willen sein solltest. Und jetzt kommt das Größte: Wenn du deine Schuld nicht nur erkennst, sondern bekennst und bereust, wird Jesus sie dir vergeben. Überall in der Bibel ist Finsternis ein Bild für Sünde und Gottesferne. Sünde, Ungehorsam gegen Gott, das ist die größte, die eigentliche Finsternis.
Als Jesus mit ausgebreiteten Armen am Kreuz hing und sich Finsternis über das Land ausbreitete, hat er die Finsternis, die über dem Leben der Menschen liegt, mit seinem Blut weggewischt. Seitdem kann jeder, der will, Frieden mit Gott haben. Selbst deine finstersten Gemeinheiten können vom Licht der Vergebung überstrahlt werden.
Nichts macht ein Menschenleben so hell wie die Vergebung. Und falls du heute gerade in so einer Situation bist, wo du überhaupt nicht mehr durchsiehst, wo dir alles unklar und finster vorkommt, weil du so richtig in eine Sünde reingetappt bist – dann greif zu! Dann nimm das Vergebungsangebot an. Egal, wer du bist und was du gemacht hast – macht nichts! Jesus macht bei dir Licht an, wenn du ihn bei dir reinläßt. Du hast damit eine Chance, die zwei Milliarden Menschen nicht haben.

Ich bin Klempner von Beruf

Mehr als zwei Milliarden haben noch nie gehört, daß es einen Weg aus der Schuld gibt. Die haben's noch nie gehört, weil es ihnen noch keiner gesagt hat. Die es ihnen hätten sagen müssen, sind die Christen. Aber die sind seit 2000 Jahren zu faul, zu geizig, zu ungehorsam und zu sehr mit anderen Dingen beschäftigt, statt sich

um die Mission zu kümmern.
Soll ich euch mal sagen, wer in der Weltmission das Schlußlicht ist? Das sind wir, die Deutschen. Überall mit der großen Klappe vorneweg, aber in der Mission hoffnungslos hinterher. Weltmeister im Fußball, aber in der Missionierung des Erdballs mit Abstand die letzten. An der Spitze stehen die Norweger. Bei denen kommt ein Missionar auf 2500 Einwohner. Und wie es bei uns ist, in der DDR, das weiß ich nicht. Wir sind so mies, daß wir in keiner Statistik mehr vorkommen. Wir sind, was die Beteiligung an der Weltmission betrifft, einfach unterm Strich. Bis jetzt hatten wir eine herrliche Ausrede: die Mauer. Wir konnten nicht raus, und unser Geld auch nicht. Aber jetzt ist die Mauer weg und die D-Mark da, und da frag' ich dich: Was tust du für die Mission?
Geld geben und beten können wir alle, aber manche könnten noch mehr, nämlich für ein paar Jahre oder für immer in die Mission gehen. Du mußt ja nicht gleich Missionar werden mit Predigen und so. In der evangelikalen Weltmission sind etwa 4000 Stellen frei, von der Krankenschwester bis zum Computerspezialisten, vom Traktoristen bis zum Flugzeugpiloten, vom Missionar bis zum Professor. Und ich frage dich: Bist du mit deinen Berufsplänen schon fertig? Geht's dir wie den anderen bloß um einen Job, wo du schnell viel Schrot verdienen kannst? Oder willst du nicht mal fragen, wie du Gott dienen kannst? Wozu Gott dich braucht?
Bereite dich darauf vor, von Gott gebraucht zu werden! Mensch, vergeude nicht deine kostbare Zeit in dumpfen Diskos, lern lieber Englisch! Du bist in einer beneidenswerten Situation. Du hast eine Chance, die die letzten Generationen nicht hatten: Du kannst, wenn du willst, in die Weltmission! Wir stehen als Mitarbeiter Jesu im größten Arbeitsfeld der Erde, sehen uns mit der größten Aufgabe konfrontiert, die je den Christen gestellt war, haben mit der größten Konkurrenz zu rechnen und sind beauftragt, der Welt das größte Geschenk zu

bringen, das Heil und Rettung bedeutet: Jesus Christus. Die Frage ist: willst du? Oder machst du lieber deinen eigenen Klempnerladen auf? Hast du überhaupt deinen jetzigen Berufswunsch mit Jesus abgesprochen? Hast du ihn jemals gefragt, ob er damit einverstanden ist, daß du Klempner wirst? Nichts gegen Klempner. (Übrigens, ich könnte einen gebrauchen, wenn jemand unter euch. . .) Oder hast du ihn schon mal gefragt, ob er dich woanders braucht? Und bist du bereit, dorthin zu gehen, wo er dich hinschickt? Überdenke noch mal deine Berufspläne und besprich sie mit Jesus. Bitte ihn um Klarheit und vergiß bitte nicht die gigantische Finsternis, die unsere Erde bedeckt.

Sonst werd' doch einfach Leuchtturmwärter

Finsternis bedeckt das Erdreich und Dunkel die Völker. Gott ist gegen die Finsternis angegangen. Gott möchte, daß wir gegen die Finsternis angehen, deshalb beginnt unser Kapitel, noch bevor die Feststellung von der Finsternis kommt, mit der Aufforderung — Vers 1 —: »Mache dich auf! Werde licht!«

Das heißt: Mach deinen Mund auf, damit andere von Jesus hören! Werde ein Leuchtsignal, damit andere Jesus sehen! Was unser Land, unsere Welt am meisten braucht, sind Menschen, die von Jesus reden. Das ist unser Auftrag, und wir haben keine andere Wahl: Entweder wir machen unseren Mund auf oder unseren Laden zu. Wir müssen Christus bezeugen oder auf unseren Christennamen verzichten. Wenn wir nicht leuchten, sind wir und andere verloren.

Ein Leuchtturmwärter hat die Aufgabe, ein Licht leuchten zu lassen. Davon hängt das Leben vieler Menschen ab. Ich hörte mal von so einem Mann. Der sagte immer zu seiner Frau: »Halt die Scheiben sauber und laß das Licht leuchten.« Eines Tages wurde er krank. Bevor er ins Krankenhaus abtransportiert wurde, schärfte er seiner Frau ein: »Halt die Scheiben sauber und laß das Licht leuchten.« Als die Frau ihn ein paar Tage später im Krankenhaus besuchen wollte, sagte man ihr, daß ihr Mann gestorben sei. Sie fragte die Schwester: »Hat er eine Nachricht hinterlassen? Hat er ein letztes Wort gesagt?« »Ja«, sagte die Schwester. »Er hat als letztes gesagt: Halt die Scheiben sauber und laß das Licht leuchten.«

Gott sucht Menschen, die nur eine Sorge haben: Daß keiner im Meer der Schuld untergeht. Daß jeder am Ufer von Gottes Ewigkeit ankommt. Daß alle gerettet werden. Mache dich auf! Werde licht! Halt die Scheiben sauber und laß das Licht leuchten!

Klugheit schützt vor Torheit nicht

Epheser 5,15-20 *14. Oktober 1990*

Es gibt Leute, die sind zwar gescheit, aber dumm. Denn wer gescheit ist, ist deswegen noch lange nicht weise. Unter Weisheit versteht die Bibel den Blick für die wahre Wirklichkeit, also für die Wirklichkeit Gottes. Die Bibel sagt: Wer den Willen Gottes tut, ist weise. Wer Gottes Willen nicht tut, ist ein Tor. Es kann also einer eine Wissensscheune und trotzdem ein Tor sein, also gewissermaßen ein Mann mit Scheunentorheit. Hierher gehören z.B. alle diejenigen, die klug, studiert, gebildet, gescheit und belesen sind, aber ohne Gott leben.
In der Bibel heißt es: »Die Toren sprechen in ihren Herzen: Es ist kein Gott.« Heute sind Leute, die Gott leugnen, oft Wissenschaftler mit Doktortitel. Aber auch ein Doktor kann ein Tor sein, denn Klugheit schützt vor Torheit nicht, ebensowenig wie das Alter.
Ein 14jähriger Konfirmand, der an Jesus glaubt, ist im Sinne der Bibel weiser als ein alter, gelehrter Professor von internationalem Ruf, der den Ruf Gottes mißachtet und Gott nicht die Ehre gibt. Wer im Reich der Wissenschaft ein As ist, kann im Reich Gottes eine Niete sein - und umgekehrt: Einer, der im Reich der Wissenschaft eine unbekannte Größe ist, kann zu den Großen im Reich Gottes gehören.
Weisheit ist nicht dasselbe wie Klugheit, Schlauheit, Gescheitheit, Vielwisserei. Weisheit ist Lebensweisheit, also eine ganz praktische Sache; sie ist die Fähigkeit, das Gute vom Bösen, das Falsche vom Richtigen, das Wichtige vom Unwichtigen zu unterscheiden — sie ist die Kunst, richtig zu leben und im richtigen Moment das Richtige zu tun.
Die Weisheit, so heißt es im Alten Testament, fängt mit der Furcht Gottes an, mit der Ehrfurcht vor Gott, und im

Neuen Testament heißt es: In Christus sind alle Schätze der Weisheit verborgen.
Seit Christus auf dieser Erde gelebt hat, kann niemand mehr weise sein, der an Christus vorbeigeht. Jesus war weder ein alter noch ein studierter Herr, sondern ein junger Mann aus dem einfachen Volk, von dem wir noch nicht einmal wissen, ob er überhaupt schreiben konnte. Jedenfalls besitzen wir von ihm keine einzige Zeile — er hat kein gelehrtes Buch hinterlassen. Aber das Buch, in dem man seine Worte aufgeschrieben hat, wurde der Bestseller der Weltliteratur. Der Grund: Jesus hat in seinem Leben den Willen Gottes getan. Darin bestand seine ganze Weisheit. Und wenn er nicht weiterwußte, hat er zu Gott gesagt: »Dein Wille geschehe.«

Mann, bist du Blödmann

Zu dieser Weisheit fordert auch uns die Bibel auf: »Versteht, was der Wille des Herrn ist.« So steht es im Epheserbrief, Kapitel 5:
»Achtet also genau darauf, wie ihr lebt, nicht als Unweise, sondern als Weise. Und kauft die Zeit aus, denn es ist böse Zeit. Darum werdet nicht unverständig, sondern versteht, was der Wille des Herrn ist. Und sauft euch nicht voll Wein, das führt nur zu einem liederlichen Leben. Sondern werdet voll Geist und sagt Gott Dank allezeit für alles.«
Holzauge, sei wachsam — so geht unser Text los. Mensch, paß auf, daß du nicht als Blödmann, sondern als Weiser lebst! Wenn Weisheit vor allem darin besteht, den Willen Gottes zu tun, heißt das nicht, wir brauchten uns nicht um Klugheit, Bildung und sauberes wissenschaftliches Denken zu bemühen. Im Gegenteil: Jesus selber hat gesagt: »Seid klug wie die Schlangen.« Wer Dummheit für eine christliche Tugend hält und die Wissenschaft ablehnt, erfüllt gerade nicht den Willen Gottes. Gott hat uns unseren Verstand gegeben, also

sollen wir ihn auch gebrauchen. Und wer seinen Verstand nicht benutzt, ist selber schuld, wenn er Gott und die Welt nicht versteht.
Da stehen zweie am Straßenrand. Kommt ein Auto, hält an, der Fahrer dreht die Scheibe runter und fragt: »Do you speak English?« »Nee.« »Porusski?« »Nee.« »Italiano?« »Nee.« »Españiol?« »Nee.« »Parlez-vous français?« »Nää!« Winkt ab, dreht die Scheibe hoch, fährt weiter. Sagt der eine zu dem anderen: »Mensch, hast du das gemerkt? Das war ein Genie! Der konnte fünf Sprachen!« Sagt der andere: »Na und? Hat's ihm was genützt?«

Ich denke, also bet' ich

Leuten, die sich weigern, ihren Verstand zu gebrauchen, und die sich auf ihre Dummheit noch was einbilden, ist natürlich schwer zu helfen. Gott will, daß allen Menschen geholfen wird, deshalb ist bei Gott Dummheit verboten. Deshalb sagt er: Du sollst Gott lieben mit deinem ganzen Verstand, mit deinen intellektuellen Fähigkeiten. Schon deswegen, damit du nicht jeden Blödsinn glaubst, den manche Leute erzählen. Und die Behauptung, wer an Gott glaubt, könnte und dürfte nicht vernünftig denken, ist Blödsinn, ist einfach unlogisch.
Überleg doch mal: Gott hat in deinem Schädel eine Menge niedlicher grauer Zellen installiert. Wozu? Na, damit du sie benutzt! Sonst hätte er ja viel Material einsparen und deine Rübe wesentlich kleiner machen können. Warum sollte er dir erst so was Praktisches wie den Verstand schenken, um dir dann zu verbieten, ihn zu benutzen? Im Gegenteil: Bei Gott ist das Denken befohlen, und deinen Verstand kannst du überhaupt nur dann richtig benutzen, wenn du an Gott glaubst.
Das hat schon der Pater Brown mit seinem Scharfsinn erkannt. Pater Brown bemerkt (Gilbert Chesterton, Detektivgeschichten): »Als erste Folge davon, daß ihr nicht

mehr an Gott glaubt, verliert ihr euren gesunden Menschenverstand.« Und die Bibel sagt (Sprüche 9,10): »Der Anfang der Weisheit ist die Furcht des Herrn, und den Heiligen erkennen, das ist Verstand.«
»Es ist einer der bemerkenswertesten Punkte beim Glauben, daß er geheiligter, gesunder Verstand ist. . . Glauben heißt, Gott zum größten Faktor in unseren Berechnungen zu machen und dann nach der gesündesten Logik zu rechnen. Glauben heißt, Gott nicht als eine Null zu behandeln, sondern als eine alles überragende Ziffer bei allen unseren Berechnungen.« (Spurgeon)

Ich trinke Jägermeister, weil . . .

An Gott glauben ist also das Vernünftigste, was du tun kannst. Und deinen Verstand setzt du am besten ein, wenn du nach Gottes Willen fragst. »Darum werdet nicht unverständig, sondern versteht, was der Wille des Herrn ist.«
Wir können also hier in der Kirche nicht das Vaterunser beten und sagen: »Dein Wille geschehe, wie im Himmel so auf Erden«, wenn wir uns nicht darüber im klaren sind: Der Wille Gottes soll auf der Erde durch *uns* geschehen. *Wir* sind diejenigen, durch die Gott handeln will. Wer besoffen ist, im Tran oder Rausch lebt, ist aber unfähig zum Handeln. Deshalb lehnt die Bibel den Rausch in jeder Form ab: »Sauft euch nicht voll Wein.« Der Apostel Paulus hat hier Leute vor der Flinte, die sich gewohnheitsmäßig unmäßig mit Wein vollaufen lassen. Säufer gibt's heute auch, mehr als genug, nur mit dem Unterschied, daß statt Wein Bier gesoffen wird, das Ergebnis ist aber dasselbe.
Die Bibel redet hier vom Saufen und nicht vom Trinken, weil die Bibel nicht gegen das Trinken, aber gegen das Saufen ist. Und das sollten wir uns hinter die Ohren schreiben, bevor wir uns einen hinter die Binde gießen.

Ich gebe zu: Manchmal ist das Leben kaum zu ertragen. Ich kann verstehen, daß einer säuft, wenn ihm die Freundin davongelaufen oder die Frau gestorben ist. Aber das ändert doch alles nichts an der Wirklichkeit. Durch den Suff wirst du doch gerade *nicht* mit der Wirklichkeit fertig. Je mehr Klare du trinkst, um so unklarer siehst du alles.
Aber es geht nicht bloß um den Alkoholrausch, man kann sich auch an Sentimentalität berauschen (Stimme von Heino), an einer Idee (Lehre von Marx) oder an frommen Phrasen (das ist speziell die christliche Besäufnismethode, die ist gefährlicher als eine Alkoholvergiftung) — aber es läuft in jedem Fall auf dasselbe raus: auf eine Flucht und Vernebelung der Wirklichkeit.

Du bist ein Kind seiner Zeit

Zur Wirklichkeit gehört z.B. die Tatsache, daß jeder Mensch nur eine begrenzte Lebenszeit hat. Wir leben nur ein einziges Mal und wissen nicht, wann unsere Zeit abgelaufen ist. Wir ziehen daraus gewöhnlich den Schluß: Also dann ran an den Speck, man muß versuchen, wie die Made im Speck zu leben und das Leben auszukosten.
Die Schlußfolgerung des Apostels Paulus lautet ganz anders: Er redet nicht vom Auskosten, sondern vom Auskaufen, vom Ausnutzen. Vers 15: »Kauft die Zeit aus!« Nutzt jeden Augenblick, um in eurem Leben den Willen Gottes zu tun! Damit dürft ihr keine Zeit verlieren, sondern dafür müßt ihr euch Zeit nehmen!
Nun gab's damals schon die bekannte Ausrede: »Ich hab' keine Zeit, muß von morgens bis abends malochen.« Tatsächlich war damals der Arbeitstag länger als heute, auch die Arbeitswoche — es gab keinen arbeitsfreien Sonnabend. Deshalb forderte Paulus die Epheser ja auch auf, die Zeit auszukaufen. Das Interessante ist, daß das die gleichen Leute sind, die er im

nächsten Satz ermahnt, nicht so viel zu saufen. Denn die haben zwar für die Kirche keine Zeit, aber Zeit für die Kneipe, die haben sie.
Und auch du hast genau für das Zeit, wofür du sie willst, oder willst du mir vielleicht einreden, du hättest keine Zeit? Klar hast du welche. Die Frage ist nur, wofür du sie benutzt.
Soll ich dir mal vorrechnen, was für ein Kapital an Zeit du hast? Also: Gott stellt dir jedes Jahr 365 Tage zur Verfügung. Das sind 8.760 Stunden. Davon verbraucht der Mensch, grob gerechnet, 550 Stunden zum Essen, 2.550 Stunden zum Schlafen, 2.250 zum Arbeiten. Bleibt ein Rest von 3.410 Stunden. Mensch, mehr als 3.000 Stunden, über die du frei verfügen kannst!

Der geistvolle Schwank im Leben

Natürlich sind wir alle irgendwie ausgelastet. Von allen Seiten kommen an uns Forderungen zur Mitarbeit, jeder will was von unserer Zeit, und da kommt Gott auch noch an und will auch was haben.
Aber so ist das ja gar nicht gemeint. Freilich verlangt Gott – mit gutem Recht – hier und da eine Stunde von unserer Zeit. Darüber brauchen wir jetzt nicht zu reden, so eine Stunde haben wir alle mal, und wer das leugnet, der lügt.
Aber hier geht's nicht um religiöse Sonderschichten. Gott ist kein Sofakissen mit der Aufschrift »Nur ein Viertelstündchen«. Der will mehr. Der will, daß wir seinen Willen nicht bloß stundenweise tun und ansonsten machen, was wir wollen, sondern daß wir *immer* machen, was er will. Gott verlangt nicht weniger, als daß wir die gesamte Zeit unseres Lebens (die er uns schließlich zur Verfügung gestellt hat) seinen Willen tun.
Das heißt nicht, daß wir alle kirchliche Angestellte werden müssen. Das heißt auch nicht, daß wir immer

nur für Gott arbeiten und in jeder Stunde für ihn auf Achse sein müßten. Daß heißt auch nicht, daß es für uns kein Privatleben, kein Familienleben, kein Hobby mehr gibt, wie uns das manche Sekte einreden will. Sondern *im* Arbeitsleben, *im* Privatleben sollen wir den Willen Gottes tun. Also haben wir bei allen Entscheidungen des Alltags nicht zuerst zu fragen: »Was will ich?« oder: »Was will die Gesellschaft von mir?«, sondern: »Was will Gott von mir?« Und um den Willen Gottes zu erkennen, brauchst du den Heiligen Geist. Deshalb schreibt Paulus: »Werdet voll Geist.«
Wie wird man das? Wie du voll Alkohol wirst, weißt du. Glas hochheben, Kopf nach hinten, Augen zu, reinschütten, bis du anfängst zu schwanken. So stellen sich manche auch das Erfülltwerden mit dem Geist vor. Aber voll Heiligem Geist wirst du nicht dadurch, indem du dich an frommen Liedern oder Gefühlen berauschst, die Augen schließt, die Nase in den Himmel hebst, die Arme hochstreckst und anfängst, hin- und herzuschwanken. Sondern den Geist Gottes bekommst du, indem du deine Augen aufmachst, die Nase in die Bibel steckst und im Gehorsam tust, was da steht. Da steht z.B. — Apostelgeschichte 5,32 —: »Gott gibt den Heiligen Geist denen, die ihm gehorchen.«

Zig Freunde und ein Alibi

Die Bibel ist voller Befehle, denen wir gehorchen sollen. Kauft die Zeit aus! Nutzt die Zeit aus! — Das ist auch so ein Befehl. Und der gilt als erstes denjenigen unter euch, die noch keine Christen sind. Auch du hast dein Leben und deine Zeit von Gott. Und eines Tages ist deine Zeit zu Ende, und dann stehst du vor Gott. Und dann mußt du im Gericht Rechenschaft geben, warum du Gott nicht die Ehre gegeben, warum du ihm nicht dein Leben gegeben hast. Du hast im Jüngsten Gericht nur eine einzige Chance, die gleiche wie ich und alle anderen —

wenn du Jesus als Verteidiger hast.
Ich hab' ihn. Ich brauch' mich vor dem Gericht nicht mehr zu fürchten. Nimm Jesus an — *das* heißt, Gottes Willen erkennen, *das* ist der Gipfel der Lebensweisheit, *das* heißt, die Zeit zu nutzen.
Du sollst die Zeit ausnutzen, nicht dich der Zeit anpassen! Du sollst dich mit dem Heiligen Geist füllen lassen und nicht mit dem Zeitgeist! »Wer sich mit dem Zeitgeist verheiratet, wird sehr schnell Witwer.«
Das alles hab' ich nun schon zweimal miterlebt. Erst war die große Anpasse bei den Nazis. »Halt den Mund, zieh das Braunhemd an, die Kirche hat abgegessen, die Zukunft gehört dem Nationalsozialismus.« Nach zwölf Jahren war Feierabend, Deutschland ein Trümmerhaufen, Millionen Deutsche hatten auf das falsche Pferd gesetzt. Damals hofften viele, die Deutschen würden die Zeit erkennen, Gott erkennen, zu Gott zurückkehren. Aber nach ein paar Jahren fing die gleiche Scheiße wieder an, die war bloß nicht mehr braun, sondern rot und die Hemden blau. Und wieder hieß es: »Halt deinen Mund, zieh das Blauhemd an, die Kirche hat abgegessen, die Zukunft gehört dem DDR-Sozialismus.« Und nach 40 Jahren war Feierabend, die DDR ein Trümmerhaufen. Millionen Deutsche hatten auf das falsche Pferd gesetzt.

Hohl bleibt die Nuß im Schokoguß

Und was wird jetzt?
Massenaustritte aus der Kirche, die Kirche hat abgegessen, die Zukunft gehört — ja, wem gehört sie denn neuerdings?
Ich sag' dir: Die Zukunft gehört Jesus. Dem wirst du in deiner Zukunft jedenfalls noch einmal begegnen, wenn er wiederkommt, um die Welt zu richten. Egal, wie lange du hier lebst, wieviel Schrot du machst und unter welcher Gesellschaftsform du dein Schäfchen ins

trockene bringst, du bringst es auf alle Fälle nicht weiter als bis zum Tod, und dort erwartet dich das Gericht. Denn die Bibel sagt: »Es ist dem Menschen bestimmt, einmal zu sterben, danach aber das Gericht.«
Laß dich doch warnen: Kaufe die Zeit aus! Nutze die Chance, zu Gott zurückzukehren! Wieviel Zeit hast du denn noch, um dich zu bekehren? Im Moment schieben alle den Gedanken an Gott erst mal weit von sich weg. Im Moment ist unser Volk total auf dem materiellen Trip abgefahren. Das Gebot der Stunde heißt: Geld machen, einen draufmachen.
Ich will euch euren Spaß am neuen Auto und an der Auslandsreise nicht miesmachen, und ich will euch auch keine Angst machen. Aber seht ihr denn nicht die dunklen Wolken, die sich im Irak zusammenballen, als ein weiteres Zeichen für die nächste Weltkatastrophe, womöglich für das nahe Weltende?
Vierundzwanzig islamische afrikanische Regierungen haben beschlossen, das Christentum und alle nichtislamischen Religionen zu vernichten. Immer mehr Länder verschließen sich der christlichen Mission. In Deutschland ist der Islam die zweitstärkste Religion, die ganze Welt ist in Aufruhr, ein Drittel der Menschheit hungert, und wir neudeutschen Bundi-Anfänger meckern, weil die Nutella-Preise nicht überall so sind wie bei Aldi.

Ausgerechnet Bananen oder Der Bundesdeutschen Dankbarkeit

Ich bin zwar von verschiedenen Seiten ermahnt worden, ich soll in Sachen Einheit Deutschlands nicht zu laut von Dankbarkeit reden, aber das mach' ich nu' gerade. Nicht aus Sturheit, sondern aus Gehorsam, denn hier steht — Vers 20 —: »Sagt Gott Dank allezeit für alles.« Allezeit! Ich denke nicht daran, ausgerechnet die Zeit der deutschen Wiedervereinigung von diesem Gebot der Dankbarkeit auszuschließen. Die Einheit Deutschlands war der Wunschtraum des Volkes, das Ziel der politischen Arbeit, der Inhalt unserer Gebete. Und da sollen wir Gott jetzt nicht danken?

Habt ihr denn alles vergessen? Habt ihr denn vergessen, mit welcher Todesangst wir noch vor einem Jahr hier im Oktober in der Kirche gesessen haben, als alles auf der Kippe stand und wir befürchteten, die Kommunisten lassen auf uns schießen? Und habt ihr etwa gedacht, der Sprung aus einem heruntergewirtschafteten Feudalstaat in eines der höchstentwickelten, reichsten Länder der Welt würde ohne Probleme ablaufen?

Ich bin nicht blind und sehe auch, daß es einen Haufen Probleme gibt. Aber seit wann haben wir Christen das Recht, immer nur auf dem Negativen rumzureiten? Ich bitte euch, seht doch nicht immer nur auf das, was noch nicht klappt, sondern auf das, was ihr schon habt. Ihr habt die Freiheit, die Freiheit des Glaubens, Denkens, Redens, Informierens, Reisens — ist das denn nichts? Ich rede gar nicht von den tausend Dingen, die jetzt unser Alltagsleben erleichtern. Habt ihr denn wirklich keinen Grund, dankbar zu sein? Ich verstehe das allgemeine Gemecker nicht, bei Christen verstehe ich es erst recht nicht.

Ich bitte euch: Nehmt zur Kenntnis, daß Undankbarkeit eine Sünde ist, und nehmt zu Herzen, was in der Bibel steht: »Sagt Gott Dank allezeit für alles.«

»Für alles.« Ich will jetzt nichts aufzählen, ich sage nur: auch für die D-Mark. Wenn ich mir nur Rumänien vor Augen halte, wird mir schwindelig bei dem Gedanken, daß wir die D-Mark haben — wie reich wir sind, wie gut es uns geht.

Kauft die Zeit aus, nutzt die Zeit! Helft den anderen, solange ihr Geld habt, solange ihr Gelegenheit habt. Nutzt die Zeit, um andere selig zu machen und um selig zu werden.

Wenn du bis heute ohne Jesus gelebt hast, dann fang

heute noch mit ihm an. Ich bitte dich: Nutze die Gelegenheit, nutze den Tag, laß diesen Tag nicht zu Ende gehen, ohne Jesus dein Leben zu geben.

Chemnitzer Str. 31, D-44139 Dortmund
Internet: http://www.grafit.de
E-Mail: Grafit-Verlag@t-online.de

Umschlagzeichnung: Peter Bucker
Druck und Bindearbeiten: Elsnerdruck GmbH, Berlin
ISBN 3-89425-231-6
1. 2. 3. 4. 5./01 00 99